JN197054

百科繚覧

～若手研究者が挑む学際フロンティア～

VOL.1

東北大学学際科学フロンティア研究所
「百科繚覧」編集委員会 編

東北大学出版会

Hyakkaryoran 1

Young researchers challenging interdisciplinary frontiers

Tohoku University
The Frontier Research Institute for Interdisciplinary Sciences
"Hyakkaryoran" Editorial Board

Tohoku University Press, Sendai
ISBN978-4-86163-313-3

口絵① CIBER 4回目の打ち上げの様子 （第1章・図7）

口絵② マウナケア山頂から撮影した黄道光 （第1章・図8）

口絵③　物体の表面をゴム膜のようなものと考えて平面に伸ばす（第3章・図9）

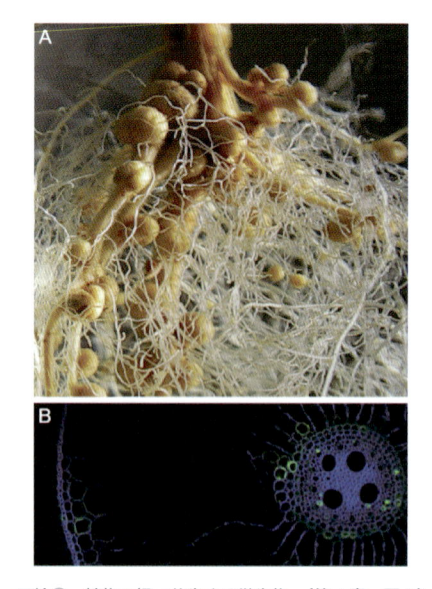

口絵④　植物の根で共生する微生物　（第4章・図7）

序

東北大学
学際科学フロンティア研究所 顧問
佐藤　正明（前所長）

　東北大学には現在学内組織として学際科学フロンティア研究所（以下、学際研）と学際高等研究教育院（以下、教育院）があります。学際研は、学際研究の推進や若手研究者育成を使命として活動している全学的な組織です。一方、教育院は、融合領域研究をキーワードとして修士研究教育院生、博士研究教育院生を全学から公募して国際的に通用する若手研究者育成の観点から学生を支援する組織です。今回の『百科繚覧〜若手研究者が挑む学際フロンティア〜』の出版に際しては、学際研新領域創成研究部に所属する若手研究者が中心となって企画し、後述するような両組織の日常的な活動を元に研究教育院生を巻き込んで執筆に当たっています。このような若手研究者と大学院の学生が互いに情報交換しながら、学際研究あるいは融合研究について切磋琢磨する体制は既に平成19年度に発足しています。

　学際研の若手研究者と研究教育院生が連携して行う活動を「養賢プロジェクト」と命名しており、学際研として強く支援しております。その一つの活動が全領域合同研究交流会であり、今回の出版のきっかけとなった勉強会です。両組織は、それぞれ同一名称として1．物質材料・エネルギー、2．生命・環境、3．デバイス・テクノロジー、4．情報・システム、5．人間・社会、6．先端基礎科学の6領域を共有しています。全領域とは、これら6領域全てという意味で、どなたでも構成員全員に参加の機会が提供されています。大学院の学生から見た場合、学際研の若手研究者は年齢も近く、身近な新進気鋭の研究者として話しやすく諸々の相談にものってくれる兄・姉のような存在になっています。

今般の出版は、このような活動や学際研究の意義を次代を担う若い大学の学部生を主たる読者対象者として、分かりやすく具体例を含めて解説したいとの意図から企画されたものです。この企画を通して貫かれている考え方は、学際研究あるいは融合研究の必要性・重要性です。このような考え方自体は特に新しいというわけではなく、1970 年代あたりから学問の境界領域、異分野融合などの重要性が指摘されてきました。しかしながら最近、地球規模で起こっている環境、自然災害、エネルギー、生態系、食料、医療、資源等々の問題を見るとき、必然的に学際研究、異分野融合研究の必要性・重要性が認識されるようになってきました。また、米国テキサス大学アーリントン校のレプコ教授による「Interdisciplinary Research : Process and Theory 2nd ed., SAGE Publications, 2012、(『学際研究―プロセスと理論』、九州大学出版会)」が出版され、米国においても学際研究が注目され始めています。「学際研究」を定義として表すとなると大変難しい問題となりますが、従来の学問分野を超えた発想や互いに連携しながら取り組むことの必然性は、本書の研究事例を読んで頂ければ理解できることと思います。

　古来からの研究あるいは技術の発展の歴史を概観してみれば分かることですが、学問が進歩する毎に学問体系が細分化し、より掘り下げられ、専門性が強くなってきた傾向にありますが、それ以前はそれほど専門性は意識されていません。例えば、15、16 世紀のルネサンス期の学問あるいは技術を見てみましょう。代表例は、レオナルド・ダ・ヴィンチを挙げられると思います。彼は、芸術家であり技術者であり、また科学者でもありました。モナリザを代表作とする画家として有名であることはよく知られていますが、その作品数の少なさからも分かるように、彼は技術者、科学者として多くの業績を残しています。このように当時は学問体系も明確ではなく、優秀な人々は多くの領域に跨がって（学際的）才能を発揮しました。さしずめ、現在はこのような学際的視点に立った研究者が求められている時であると言えるかもしれません。もちろん、専門性を深く追求していく研究も必要であり、両者が相俟って研究がより

広く、より深く発展していくことが期待されます。

　本書を手に取り、このような学際的な考え方に基づく研究が若手研究者によって展開されている現況と内容を知って頂ければ、企画ならびに執筆した若手研究者にとってどれだけ喜びと励ましになることでしょう。

　最後に、本書の企画、出版にあたり貴重なご助言、ご支援を頂きました井原聰先生（前学際高等研究教育院シニアメンター、東北大学名誉教授）、沢田康次先生（学際高等研究教育院シニアメンター、東北大学名誉教授）、ならびに出版の機会を与えて頂いた東北大学出版会に厚くお礼申し上げます。

［目　次］

プロローグ
現代の研究に活きる学際的姿勢

當真　賢二

1. 学際的姿勢とは

普段からの異分野交流

　百花繚乱。それは色々な花が咲き乱れている様子をいいます。この言葉を借り、私たちは本書に『百科繚覧』というタイトルを付し、色々な方向に発展してゆく沢山の学問分野を一覧する、という意味を込めました。

　その通りに、本巻とこの後出版予定の第2巻は、多種多様な学問分野の研究を紹介し、それらを読者の皆さんに読み通してもらうことを想定しています。分野は人文学・社会科学・数物系科学・化学・工学・生物学・農学・情報学と多岐に渡ります。これらの研究紹介をすべて読み通すことで、皆さんはいったい何を得ることができるのか。この「プロローグ」ではそれを説明したいと思います。本巻、第2巻ともに、キーワードとなるのは「学際」です。

　「学際」とは何でしょうか。「国際」という馴染みある言葉から連想して、「複数の学問分野に関連している」ということでしょうか。あるいは、「際（きわ）」という漢字から連想して、「ある学問分野の端や境界領域」という意味なのでしょうか。実は、どちらの意味にも使われているのです。

　「学際」は、日本ではまだ認知度が低い言葉です。それゆえ、人によって使い方が異なり、なかなか共通認識を得られない言葉になっているように思います。そのため、キーワードを「学際」とするとき、その定義を明確にしなければなりません。

　この第1巻で取り上げるのは「学際的姿勢」です。これは、複数の学

問分野の研究成果というより、「普段からの異分野交流」です。良い研究を行っていくために必要な幅広い視野や、一つの学問分野にとどまらない発想、領域の枠を越えて新たなものを切り拓いていくような姿勢をイメージしていただければよいと思います。

異分野交流の三つの意義

　私のこれまでの経験を顧みて、異分野交流には次の三つの意義があると考えています。

> （A）研究課題に関して：自分の研究課題の価値を、異分野の研究者と交流しながら見極める。
> （B）研究方法に関して：課題の解決にアプローチするために、様々な分野の思考方法を試す。
> （C）研究活動全体に関して：研究という活動を社会の中でどう維持するかを考える。

　この「プロローグ」の後に続いて紹介される六つの研究内容を読んでいただければ、上の三つの意義のどれかが活きていることがわかると思います。六つすべてを読み通すことで、様々な分野の考え方に触れることになり、皆さんの視野や発想も「学際的姿勢」をとるものに変化すると思います。それは、大学等で研究活動を職業にしようとする人だけでなく、一般社会で活躍しようとする人にとっても、大いに役立つことに違いありません。

2　研究課題の価値

学問の細分化

　さて、先に挙げた（A）（B）（C）の各論に入る前に、現代の「研究」について概観しましょう。

　「研究」という活動は、ある事柄を不思議と思い、その本質を見極めようとすることから始まります。研究活動を職業にした場合の大きな目的は、学問として価値のある課題を設定すること、それを解く手掛かりを見つけること、さらに（可能ならば）そこから未来への予測を立てること、ということになろうかと思います。

　社会学の分野で世界的に有名なマックス・ウェーバー（Max Weber、1864 − 1920）は、1919 年に行った講演の中で、「なにか実際に学問上の仕事を完成したという誇りは、ひとり自分の専門に閉じこもることによってのみ得られる」と言っています。当時の時代背景も影響してか、やや厳しい言説になっていますが、専門的内容に一点集中することが必要であることは多くの研究者が首肯すると思います。実際、現代の大部分の大学院生、博士号を持つ研究員（ポスドク）、大学教員が、各々の専門分野を決め、その分野の最大の問題とみなされている事柄を見据えて、その解明につながる比較的小さな研究課題に集中して取り組んでいると思います。

　しかし、ここで注意したいことは、行き過ぎた学問の細分化です。現代の学問の世界は、次頁の図 1 のように細分化されています。このような学問の細分化と研究者による専門への集中は、物事を分割して理解しようとしてきた歴史的な流れ（主にヨーロッパから発したものです）だと考えられますが、もはや、それは異分野の研究者が互いに理解し合えないような段階にまで来ています。私の身の回りでも、大学の各学部の独立性は強く、研究者は積極的に努力しなければ異分野の研究者と研究についての議論をすることはありません。

　つまり現代において研究を進める研究者の多くは、自分の専門分野の事柄だけに考えを閉じ込め、異分野に考えを広げ巡らすようなことがほとんどない姿勢をとっているのです。

　本書が取り上げる「学際的姿勢」とは、それとは正反対の姿勢です。まず、研究課題を設定する際に効果的な「学際的姿勢」について考えてみましょう。

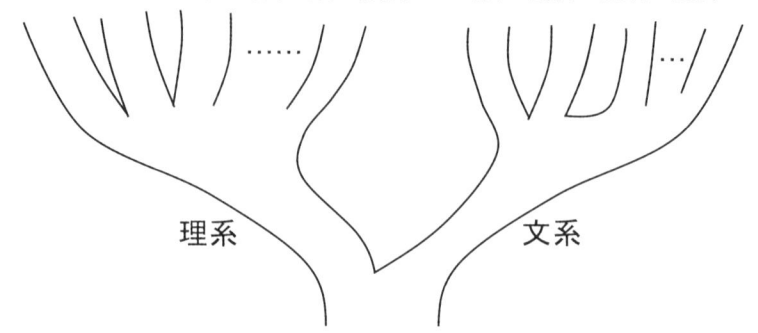

数学 物理学 化学 工学 生物学 農学 情報学・・・ 哲学 言語学 社会学 経済学・・・

理系　　　　　　　文系

図1　学問の世界の模式図。様々な分野に細分化されている

課題を自分で考える姿勢

　研究の各専門分野には必ず学会があり、その中には研究対象に応じて多くの分科会が存在します。これは図1において、「数学」や「物理学」などの各分野の先が、さらに細かく枝分かれしていることに対応しています。たとえば「数学」は「代数学」「幾何学」「解析学」などに分かれますし、「物理学」も「素粒子物理」「宇宙物理」「物性物理」などに分かれます。たいていの研究者は、その中の一つの分科会の研究（あるいはさらに、その中で扱う色々なテーマのうちの一つ）を価値の高い課題として選び、日々それに取り組んでいます。

　実際、分科会では多くの優秀な研究者が同じ課題に向かっており、それは学問として価値の高い研究に見えます。研究者はその中で互いに効率よく情報交換できるので、得られるものは多いです。またマンパワーの必要な研究であれば、分科会でチームとして取り組むこともあります。

　一方で研究者は、研究をしていく中で遭遇する素直な疑問から、どの分科会でも注目されていない課題を発見・発想することもあるでしょう。

　このような新たに生じる研究課題と、分科会が扱ってきた既存の研究課題と、どちらが学問として価値が高いでしょうか。それは場合に応じて、研究者が自分の頭で考え、判断し、見極めるほかありません。多く

の課題の中で何を選ぶかは、その研究者の見極めによるのです。さらに、ある課題について学問的価値が高いと見極めて集中的に取り組んだのはいいとしても、何かしらの成果が出るまでには3年も5年もかかるという研究も稀ではありません。したがって、課題の設定は、研究者人生における大きな選択であり、研究活動において最も大切なことといっても過言ではないのです。

課題の価値を見直すための「学際的姿勢」

　自分の頭で課題の価値を見極めることは、実は難しいことです。ある専門分野、ある分科会に没頭すると、自ずとその考え方に染まるものです。少なくとも影響は必ず受けます。また大学院生にとっては、研究一般に通ずる思考方法や成果発表の作法を身につけるために、まず一つの専門分野に没頭することは必要なことです。それでも、自分の頭で課題の価値を考えるには、いったん意識を分野外に出さなければなりません。染まり、影響を受け、学ぶ一方で、それだけにとどまらない姿勢が求められるのです。

　そのためには、色々な異分野の研究者と交流し、研究の議論を行い、異なる価値観に触れることが有効です。研究に対する価値観、特にどういうことを大きな成果と考えるのかについては、分野によって驚くほど異なるように思います。たとえば私の専門とする物理学は、多くの現象を説明できる一つの究極的な理論を発見することが大きな成果とみなされます。でも、他の分野では必ずしもそのことを目指してはいません。目標は実に様々なのです。そういう別の価値観に触れると、私たち物理学者も、より柔軟に、物理学の可能性を広げられると思うのです。

　異なる価値観を取り入れることだけでなく、自分が「価値がある」と思う研究課題を異分野の研究者に伝える試みも有効です。それは、いわば言葉の通じない異国の人と意思疎通を図ることと似ていて、非常に骨が折れます。普段は便利な専門用語も、異分野では使い物になりません。そのため、自分の研究課題を素人のイメージで捉え直すことになります。

そこから新たな基礎的課題を見出すこともあります。

　このように考え方を広げた上で、自分の頭で本当に価値があると思う課題を一つ選び出し、それに一点集中するのです。成果を出せれば、それをまた広い意識で展開し、課題の価値を見直す。この一連の作業を繰り返すのです。高度に細分化された学問の世界で価値の高い仕事を成すためには、この「学際的姿勢」と一点集中の繰り返しが必要だと思います。

3　多様な研究方法の試行

文系と理系

　ここまで、課題の設定という研究者人生における大きな選択において効果的な「学際的姿勢」について述べました。次に、見定めた課題に一点集中し、その解決へアプローチするための具体的な研究方法をいかにして選ぶかについて考えてみましょう。

　専門分野内で確立されている研究方法のどれかが有効であるならば、その方法で研究を進められます。しかし、当然ながら、研究の促進を阻む壁が立ちはだかる時が必ず来ます。その時、研究者はどうするか。やはり周りを見渡すことになるでしょう。つまり、異分野の研究方法を試す「学際的姿勢」をとることになります。

　異分野の研究方法や思考方法が、ある分野の研究を大きく進展させたという事例には枚挙にいとまがありません。私が印象に残っている事例の一つは、物理学と生物学の出会いです。量子物理学の創始者の一人、アーヴィン・シュレディンガー（Erwin Rudolf Josef Alexander Schrödinger、1887 － 1961）は、それまで物理学が対象としてこなかった生命活動や遺伝について、物理学的・化学的な独自の考えを進め、1944 年に一般向けの著書『生命とは何か』（原題『What is life?』）を出版し、後の生物学に多大な影響を与えました。実際、この著書に刺激を受けて物理学から生物学に転身したフランシス・クリック（Francis Harry Compton Crick、1916 － 2004）が DNA の二重螺旋構造を発見しています。

　また、物理学者で、相対性理論を構築したアルバート・アインシュタイン（Albert Einstein、1879 − 1955）は、当時の最先端の数学を駆使したということがあります。数学は、新しい言語や解析方法を提供することで、多くの異分野の研究を促進します。

　さらに相対性理論の構築には、最先端の数学だけでなく、最先端の哲学も影響を与えました。相対性理論は、高速の運動や高密度の物体に関連して時間と空間が歪むという理論です。この真理を発見するには、アイザック・ニュートン（Isaac Newton、1643 − 1727）以来の時間と空間を絶対的なものとして扱う考え方（我々の日常経験と同じ考え方）を見直す哲学がなければなりませんでした。少し具体的には、近代哲学の大家であるイマニュエル・カント（Immanuel Kant、1724 − 1804）、そしてその流れを汲むエルンスト・マッハ（Ernst Waldfried Josef Wenzel Mach、1838 − 1916）の哲学に、アインシュタインは多大な影響を受けたのです（図 2 参照）。

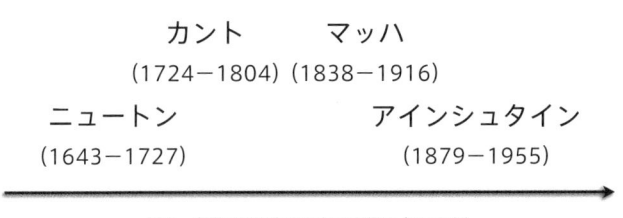

図2　哲学が理系の研究に影響を与えた例

　哲学といえば、理系の人間からすれば、文系の難しい分野という印象があるでしょう。しかしこの事例は、思考方法を探る際には文系と理系の隔てすら取り払うべきことを我々に教えてくれています。

高校生からの専門分化

　日本では、高校から文系と理系に専門分化させられます。そのため、人を文系か理系かに分けることは、なかば当然のように行われているように感じます。図 1 で表した学問の世界で言うと、文理の分化は最も根

元に近い分枝です。そのような根本的な隔てをも取り払うような「学際的姿勢」をとることは、現代では、一見すると非現実的なことのように思われるかもしれません。

　ところが、少し考えてみるとそうでもないのです。

　私のように理系寄りの人間であっても、研究者を目指すなら文系科目とされる国語、英語、歴史、地理、公民などの知識が必要になることはすぐ分かります。なかでも国語と英語は、論文を執筆する際に要となる能力です。この二つがしっかり身についていないと、他者に伝わる文章は決して書けません。また研究者は、外国の研究者と頻繁に交流の機会を持ちます。そのとき、せめて自国の、できれば相手の国の歴史、地理、公民の知識を備えていないと、うまくコミュニケーションをとることができません。

　逆に、文系寄りの人間にとっても、理系の知識や方法は学ぶべきものと考えられます。因果関係を定量的に詰めることは時に有効でしょうし、それは理系の方法が得意とするものです。また次節でも触れますが、現代において科学技術は社会の重要な構成要素となっていますので、それについての理解なしには社会を論じることはできないと思います。

文系・理系問わず興味深い事柄

　そしてさらに深く考えると、学問として価値のある研究方法や研究成果は、それが文系のものであろうと理系のものであろうと、すべての研究者にとって興味深く感じるものとわかります。このことについて、哲学の内容を例にとって考えてみましょう。

　まず、皆さんに質問します。図3の写真は誰でしょうか？　ちなみにこれは、私が博士研究員（ポスドク）をしていたときの恩師が大学を退官するときの講演で聴衆に見せたものです。私は誰だか分からず、恥ずかしい思いをしました。

図3　世界に大きな影響を与えた哲学者

　正解は、カール・マルクス（Karl Heinrich Marx、1818 - 1883）です。『資本論』という大部な書物を著し、資本主義経済で動く複雑な社会の本質をえぐり出した哲学者です。そして資本主義に対して社会主義という考え方を導きました。皆さん、ご存知だったでしょうか。

　おそらく、特に若い理系寄りの人は知らなかったのではないでしょうか。一方、今の若い世代とは対照的に、団塊の世代の人達にとってマルクスはほぼ常識であったようです。彼らの若い頃は、大きな資本主義国家であるアメリカと大きな社会主義国家であるソビエト連邦が対峙した冷戦の時代であり、日本の政治はその世界の構造に非常に影響を受けました。そのため、文系理系を問わず、社会のシステムについて熱く議論していたのです。

　「それはそういう時代だったからでしょう」と思われるかもしれません。しかし政治的な動機だけでなく、マルクスが論じたことが文理を問わずすべての人に興味を持たせる内容であるということも、当時は常識とされていた大きな理由だったと思います。物理学は数式を使ってシステムの動きの基礎にある真理を正確に表現し、その未来を予測することを得意とします。でも、その方法が使えるシステムは、ある程度理想化されたものと言わざるをえません。人間社会という極めて複雑なシステ

ムに、物理学の方法は通用しないのです。

　しかしマルクスの哲学は、その複雑なシステムで起こる膨大な事例を吟味し、そこに人間の内面と無関係な真理があることを明確に示しました。すなわち、人間は労働者と資本家に分かれており、労働者とは生きるために労働力を資本家に売らざるをえない者であり、資本家も生き残るために、資本の拡大を図り続けざるをえない者であるという「真理」です。

　マルクスはそこから、社会はその動きとして自ずと資本主義から社会主義に移行すると予言しました。この予言は、その後のソビエト連邦の崩壊などから見て誤りであったと言えます。しかしながら労働者と資本家についての真理は、資本主義経済で動く現在、世界の本質であり続けています。

　複雑に見えるシステムの本質をえぐり出すことは学問の醍醐味の一つであり、その成果は文系の内容であれ理系の内容であれ、すべての研究者に興味深いものだと思います。図1で示したような学問の各分野は、そのような興味深い様々な考え方をそれぞれに蓄積しています。各分野の間には高い垣根があるように思ってしまいますが、「純粋に興味深い」という感情を求めれば、その垣根に穴を空けることができるはずです。これこそが「学際的姿勢」であり、その姿勢をもってできるだけ多くの思考方法や研究方法を知ることが、各分野の課題解決の可能性を大きく広げることにつながると思います。

4　学問と社会

研究という社会活動

　ここまで、図1をイメージしながら、学問の大木を枝から根元まで見渡してきました。そして「学際的姿勢」をとることで学問として価値のある課題を設定し、様々な研究方法や思考方法を試してその課題の解決に向かうべきだと論じてきました。最後に、このような活動を、現代社

会において維持するために必要な「学際的姿勢」として論じます。

　研究活動は、いまや社会を動かす一つの構成要素となっています。快適な生活をもたらすと予想される研究や、国際的な競争に耐えられそうな研究には、国家がお金を投資します。研究者は、その期待に応える者として雇用されます。その社会は資本主義経済で動く社会ですから、研究もビジネスに似たものとなり、研究者は、雇用されるために、研究費を獲得するために、日々競争にさらされています。

　その競争の勝ち負けは多くの場合、研究者の論文数や、論文の引用数で決められます。論文を多く生産して売れている研究者には、さらに研究費が投資されることになります。この傾向はすでに数十年前より顕著になっており、その結果、研究者は目先の近い将来だけを見た「いま役に立ちそうな研究」にどんどん注力していると言われています。反面、学問として価値があるが「いつ役に立つかわからない研究」、ここの文脈で言えば基礎研究というものに従事することは、なかなか難しくなっているのです。

　数十年前の研究の世界の雰囲気を描写することは私にはできませんが、現在ほど成果主義でなかったことは確かです。研究者は小さい成果を数多く出すのではなく、大きな成果をゆっくり築き上げていくことを奨励されていたように思います。そんな研究に従事する研究者が大学の教員となり、十分な研究費が与えられていました。また、社会全体には「教養＝文化」という意識がありました。社会は、実生活に近い研究だけでなく、基礎研究も含めて、大きな教養として広く様々な知に興味関心を持っていたと思われます。

研究者は大衆になった

　研究活動が現在のようになってしまったのはなぜでしょうか。原因は社会にのみあり、研究者にはない、とは思えません。日本にはかつて、優秀な児童が「末は博士か大臣か」と言われる時代がありました。研究者（昔は「学者」と呼ばれることが多かった）は、広い見識を持った特

別な存在とみなされていたのだと思います。しかしその意識は、現代に
おいてはもろくも崩れ去り、跡形もないように思います。

　哲学者のオルテガ・イ・ガセット（José Ortega y Gasset、1883 － 1955）は
1930 年に出版した著書『大衆の反逆』（原題『La rebelión de las masas』）
において、「研究者は大衆になった」と書きました。ここでの「大衆」
とは、通常使われる一般大衆という意味と少し違うものとして定義され
ており、民主主義や自由主義を盾にして、社会全体のことを考えず、豊
かな生活をもたらした過去の努力を気に留めない人々という意味を含ん
でいます。つまり、誤解を恐れず言うとすれば、現代の研究者は、社会
や学問全体を見ることなく、自分の専門分野に閉じこもっていて、豊か
な学問の広がりをもたらした過去の基礎研究の努力を気に留めない存在
ということになります。

　狭い視野で自分の近い将来のことだけを考えてばかりいては、専門職
の人々を特別扱いすることにならないでしょう。研究活動の現状は、社会
の大きな動きと研究者の姿勢の変化の両方がもたらした結果といえます。

基礎研究を維持するために

　基礎研究は、すべての応用研究の土台となっているものです。よって
基礎研究の維持は、すべての研究者にとって重要な問題です。現代社会
において基礎研究を維持していくため、研究者自身がどういう姿勢をと
るべきでしょうか。

　資本主義経済そのものを見ると、効率的に大量生産される商品が溢れ
る一方で、非効率で、大量生産が叶わない、昔ながらの伝統工芸も多く
存在することに気付きます。伝統工芸は、それ自体で文化的価値を持つ
物であり、江戸時代まで遡れば時の権力者にある程度保護されて発展し
ました。しかし現代においては、そのような保護はほとんどなくなり、
自主的に様々な工夫をして今まで生き残ってきています。昔のままを保
つ部分はしっかりと保ち、うまく時代のニーズを取り入れた商品も作っ
ていくことで、生き残りを実現しているのです。その結果として、社会

に「伝統＝文化」という意識が維持されていると思います。

　学問の世界においても、基礎研究を外から守ってやるべきだという主張や活動があります。しかし伝統工芸に対応させて考えてみると、基礎研究を行うならば、外からの保護を求めるだけではなく、社会の人々の興味に寄り添う部分も創るような工夫を自主的に行うべきだと言えます。どんな研究をしているのか、どんな点に価値があると考えているのかを、研究者自らが社会に分かりやすく発信する方法を模索し、それをたゆまず鍛え続けるべきだということになると思います。私も基礎物理学の理論研究者ですが、このようなスタンスを具体的にどう取るか、日々模索し続けています。

　応用研究は基礎研究を土台としているので、応用研究者は基礎研究が維持されるべきことをよく理解できるはずです。よって応用研究者は、自分たちだけの研究環境を考えるのではなく、すべての基礎研究者が置かれている厳しい立場を理解しようとする姿勢が必要と思われます。さらに言えば、各研究者が基礎にも応用にもある程度関わるのが理想的です。もちろん、基礎と応用の度合いは分野や研究者それぞれで違うため、この理想の実現は簡単ではありません。まず大切なことは、文系・理系で分ける視点を持たないことと同様に、研究を基礎と応用の二択として分けない、という意識だと思います。

　このことは基礎研究者も、研究成果が社会に応用されるときに現れる「負の影響」を考慮すべきということを意味します。第二次世界大戦中の核物理学者が、研究成果が兵器として応用された原爆や、その後の原発の破壊力に対して責任を持つべきかという問題は、時代背景もあるのでかなり微妙なものです。ただ、これからの人工知能、倫理に関わる生命研究、地震予知など社会に直接大きなインパクトを与える（主に理系内容を含む）基礎研究の研究者は、現代において、その応用研究の研究者（文系の研究者を含む）との間での慎重な共同活動がますます求められると予想されます。

研究活動全体を維持するための「学際的姿勢」

　「各研究者は学問全体を考え、社会とどう関わるべきかを考えよ」という社会からの要求は、どんどん強くなっています。民主主義の社会は、各個人が全体の動きについて学ぶことを怠れば衰退することは明らかです。学問の世界も同じでしょう。各分野に閉じこもることなく、全体について学ぶ姿勢がなければ全体が衰退することになるでしょう。

　オルテガは「大衆」をコドモとして論じました。それならば、全体の動きや過去の努力を気に留めるのはオトナです。学問として価値が高い仕事を成すには、むしろコドモの発想が必要だと思います。しかしそれだけでは、甘えたコドモである、と言わなければなりません。コドモの発想で研究に没頭し、オトナの広い視野で研究世界の動向を見渡す。この姿勢を鍛え続けている人が、いま「末は博士か大臣か」と称されるような研究者像（あるいは学者像）ではないでしょうか。

　学問の細分化によりお互いが理解できない、または踏み込んだ研究の議論ができない、「いま役に立ちそうかそうでないか」の軸でしか評価し合えず感性に基づいて純粋な価値を論じ合えない…。これでは学問を楽しむ心が社会から失われることになってしまいます。「学際的姿勢」は、それを防ぐ第一歩だと思います。

5　本書で紹介される六つの研究

　ここまで、私が大切だと考える「学際的姿勢」の三つの意義、すなわち（A）研究課題の設定に関して、（B）研究方法の試行に関して、（C）研究活動全体を維持することに関しての意義について論じました。これらは、すべての分野の研究者に通用することです。この「プロローグ」の後に、六人の若手研究者がそれぞれの先端的研究を紹介しますが、彼らは三つの「学際的姿勢」のどれかを活かしていることがわかります。

　第1章の津村氏の研究は、天文学、惑星科学と先端工学の研究手法を利用するものであり（B）、大型装置を使った研究、小型装置を使った

研究、今後の研究すべてにおいて広い視野で研究の価値を見極めています（A）。そして基礎研究を分かりやすく伝える工夫が随所になされています（C）。

　第2章の山口氏の交通計画に関する研究は、社会に密接に関わるものですが、交通渋滞と人口減少という正反対の問題にどう折り合いをつけるかという純粋に興味深い課題でもあります。それに対して土木工学と経済学、さらには心理学という理系・文系両方の手法を使ってアプローチしています（B）。

　第3章の島内氏の研究は、地図作成に関する数学です。これ自体で価値のある基礎研究ですが、医学や工学と融合して社会のニーズに応える付加価値も持ちます。後者を広げる意識は高く、数式や厳密な証明に一切触れずに沢山の図を使って分かりやすく伝えようとしています（C）。

　第4章の小西氏の農学の研究紹介では、農業の科学的改革と環境破壊の歴史を振り返ることで、自らの課題の価値の高さを確認しています（A）。そして農業に関して持続可能な科学技術を見出すには、化学・生物学・環境学などの研究者との慎重な共同研究が必要であることを示唆しています（B、C）。

　第5章の鬼沢氏の研究は、人間の脳機能の本質を探るために、脳を模倣したコンピュータを創るという生理学と情報学の学際的研究です（B）。社会への応用という観点では、これまで提案されてきた脳型コンピュータが大量の電力を消費してしまうということを率直に示している点が注目されます（C）。

　第6章の藤村氏は、研究者とURA（研究者と事務職の間で研究を支援する職）を両立しており、異分野交流の環境づくりの実践を紹介しています。その中で行き着いたのが、様々な分野の研究者が毎回30〜50名程度集まって研究の議論をする交流会です。実は本書の執筆者は、全員この交流会の参加メンバーなのです。

　最初にも述べたように、読者は本書を読み通すことで、「学際的姿勢」をとるキッカケをつかむことができると思います。それは現代の学問の

世界において、学問として価値のある課題を設定し、手掛かりを探り、未来の方向性を示すという大きな研究目的を達成するために必要なことです。また、研究者ではなく一般社会で活躍しようとする人にとっても、本書のすべての論考は社会における様々な研究活動について考えるキッカケを与えてくれると思います。研究活動は現代社会において決して無視できない構成要素であり、その影響力の大きさは、2011 年の原発事故を思い返すまでもなく明らかです。研究活動を研究者に任せきりにしないという姿勢が大切だと思います。

　最後に、拙論の 2、3、4 は、若手研究者である私がこれまでの経験を顧みて、浅学を振り絞ってまとめたものです。当然ながら議論に不十分な点があると思われます。現代の研究活動一般について興味を抱いた方は、以下の「さらに学ぶための文献」が非常に参考になると思います。

さらに学ぶための文献

　[1]　野家啓一著『科学哲学への招待』（ちくま学芸文庫、2015 年）
　　　　古代ギリシアにおいて天空の秩序立った動きを論じた哲学から始まり、アラビアの実験精神を融合して、ヨーロッパで花開いた科学の歴史を巡り、そして世界大戦を経て急激に発達した科学技術が現代に至って社会と複雑に結びついてきた様を、非常に分かりやすく論じています。細分化された学問の世界をどう把握するかという科学哲学も興味深いです。学問とは、研究とは何なのかということを学ぶための絶好の書です。なお、本書第 6 章の藤村氏の研究紹介の中で、セミナーでの野家氏のコメントが紹介されています。

　[2]　吉見俊哉著『大学とは何か』（岩波新書、2011 年）
　　　　世界における大学の成り立ちとその浮き沈み、そしてそれを歪に輸入した日本の大学が資本主義経済に流されて来た歴史が明快にまとめられています。そして極度に専門分化し総合的な見通しを失った現在の大学がいかにして価値を失わずに進むことができるか、という難題に色々な考え方を示しています。

　[3]　宮野公樹著『研究を深める 5 つの問い ―「科学」の転換期における研究者思考―』（講談社ブルーバックス、2015 年）

大学において融合教育研究を推進する立場にある著者が、現在の日本の研究者の考えを分析し、大きな創造的仕事につながる研究課題をいかにして立てるかということについて具体的な提言を行っています。拙論で扱った学問の世界の現状についても、より具体的に論じられています。

[4] マックス・ウェーバー著 / 尾高邦雄訳『職業としての学問』（岩波文庫、1980 年）

第1次世界大戦後の 1919 年に、混乱するドイツにおいて、社会学者の大家ウェーバーが学生に向けて行った講演の記録です。混乱する社会において、大学で雇用される者としての研究者の本分を説いています。多くの学生が政治に興味を持っていたという時代背景は現在の日本と異なりますが、ドイツとアメリカの国のシステムの違いによる研究者の生き方の違いや学問の細分化に対する認識など、現在でも参考になる点がいくつも含まれています。

[5] オルテガ・イ・ガセット著 / 神吉敬三訳『大衆の反逆』（ちくま学芸文庫、1995 年）

この本の時代背景も 1920 年代の第 1 次世界大戦後のヨーロッパです。自由と平等の精神と科学技術による快適な生活が一般市民に行き渡りつつあった時代に、際限なく個人の自由を求めることと、その時代の快適さをもたらした全ての歴史に対して忘恩することに対して鋭く警鐘を鳴らしています。研究者も例外ではなく、むしろ典型的な例として扱われています。日本の研究者だけでなく一般市民の必読の書だと思われます。

執筆者紹介

當真　賢二（とうま　けんじ）

東北大学学際科学フロンティア研究所助教（執筆時）。2008 年 3 月京都大学大学院理学研究科博士課程修了。理学博士。自然科学研究機構国立天文台研究員、米ペンシルバニア州立大学研究員、日本学術振興会特別研究員 SPD（大阪大学所属）、東北大学学際科学フロンティア研究所助教を経て、現在は同研究所准教授。専門は理論宇宙物理学。平成 29 年度科学技術分野の文部科学大臣表彰若手科学者賞、第 25 回日本天文学会研究奨励賞、第 8 回日本物理学会若手奨励賞を受賞。

理論宇宙物理学に志したきっかけは、中学生の頃にテレビで見た「NHK スペシャル：アインシュタインロマン」に衝撃を受けたことです。今思い出せば、それは物理学と哲学の内容を含んでいました。休日することは、異分野の本を読むこと、旅行、子供と遊ぶこと。

第1章

宇宙の明るさを測る
― 木星からの天文観測を目指して ―

津村　耕司

1　暗すぎて見えない天体を探る

夜空はなぜ暗い？

　「どうして夜空は暗いの？」

　幼稚園児くらいの小さなお子さんにこんな質問をされたら、あなたは何と答えるでしょうか？　普通の人にとってそんなことは当たり前すぎてもはや疑問にさえ思わないかもしれません。でも実はこの質問の答えには、深遠な宇宙の真理が隠れているのです。おそらくほとんどの人は、この質問に対して

　「太陽が沈んで地面の下にあるからだよ」

と答えるでしょう。でも実はこの答えでは不十分なのです。なぜなら、

　「でも夜空には星がたくさんあるよ？　それなのになぜ、星の明るさ
　で夜空は明るくならないの？」

と、質問を返されてしまったら、さてなんと答えればいいでしょう？

　1個1個の星が暗いから？　星が遠くにあるから？― 実は、夜空が暗い理由は、この宇宙がビッグバンで誕生したからなのです！

　まずはこの素朴な質問について、きちんと考えていきましょう。昔の人がそう信じていたように、もしこの宇宙が無限に広くて、その無限の広さの宇宙の中に無限個の星があったらどうなるでしょう？　たとえ1個1個の星はとても暗かったとしても、それが無限個あれば、結局はこの宇宙は無限の明るさで包まれて夜空は明るくなってしまいます。それなのに現実はなぜ夜空は暗いのでしょう？　これを「オルバースのパラ

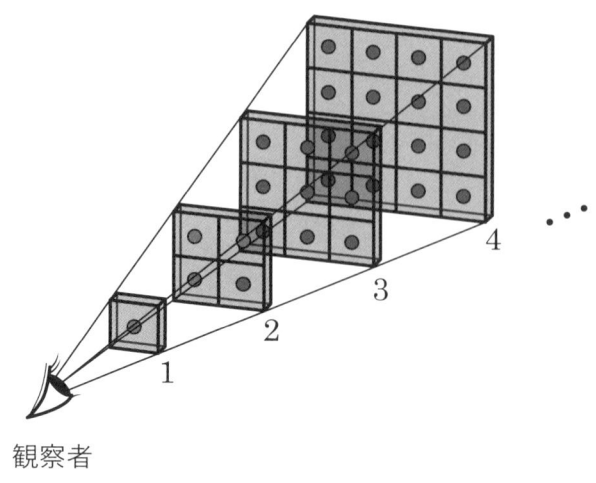

観察者

図1　オルバースのパラドックスの説明

ドックス」といいます。

　図1を眺めながらもう少し詳しくみていきましょう。夜空に見える星々は、手前に存在する星から奥に存在する星までを重ね合わせて見ている事になります。この時に見えている夜空の「面積」は、その夜空までの距離が2倍になると4倍に、距離が3倍になると9倍にという風に、その夜空までの距離の2乗に比例します。ここでもし、この宇宙に星が一様に分布しているとすると、見えている夜空の面積が2倍になると、その面積中の夜空に存在する星の数も2倍になります。すなわち、見えている星の数は、その夜空の距離の2乗に比例しているはずです。一方で星の明るさは、遠くにあるほど暗く見えて、その見かけの明るさは距離の2乗に反比例します。すなわち、距離が3倍に離れると、見える星の数は9倍に増えるけれども、それぞれの見かけの星の明るさは9分の1になるので、結局それらが打ち消しあって、手前の空と同じだけの光が届く事になります。もしこの関係が無限の彼方まで成り立っているとすると、各距離での夜空の明るさを無限に足し合わせる事になるので、夜空の明るさは無限になってしまいます。でも実際の夜空は暗いですね。

なぜでしょうか？

　この考え方自体は、問題をやや単純化して扱っているものの、間違っていません。間違っていたのは、この計算の前提の部分です。ここでは「無限に広い宇宙の中に無限個の星がある」という前提のもとで考えを進めてきましたが、この前提が実は正しくないのです。次節で詳しく説明する通り、この宇宙は今から 138 億年前にビッグバンという大爆発で誕生したことが分かっていますが、この有限の時間の中で、私たちまで光を届けられるほどの距離にある星の数は有限です。だから私たちは無限個の星の光を見ているわけではなく、この宇宙の明るさは無限にはならないのです。

　とはいえ、無限ではないにせよ、この宇宙空間は文字通り星の数ほどある星からの光で満たされています。その宇宙の「明るさ（暗さ）」を測定できれば、言い方を変えると、この宇宙を満たしている光の量を測定できれば、この宇宙には星や銀河といった光源がどれだけあるかを推定することができます。一方で個々の星や銀河は、すばる望遠鏡[1]といった世界最高性能の大型望遠鏡で観測して数えることができます。ここでもし、望遠鏡で観測して数え上げた銀河の明るさの足し合わせよりも、「宇宙の明るさ」が明るければ、この宇宙にはすばる望遠鏡のような大型望遠鏡でさえまだ観測できていないような暗い天体がまだまだ存在しているはずだということになります。そして実際に、これから紹介する私たちの観測から、すでに知られている銀河の足し合わせよりも宇宙の明るさは明るいとわかったのです！　すなわち、この宇宙にはまだ観測できないような暗い天体がまだまだ数多くあるはずで、観測された宇宙の明るさの中には、宇宙で最初に誕生した星からの光や、未知の素粒子から出てきた光などの「お宝」が含まれているかもしれません。私たちはそんな観測を進めています。

1　日本の国立天文台が所有する口径 8.2m の反射望遠鏡で、ハワイ島マウナケア山頂にあります。

宇宙はビッグバンで誕生した

　「夜空が暗い理由は宇宙がビッグバンで誕生したからだ」と言いましたが、私たちの観測を紹介する前にちょっと寄り道して、ここでは宇宙の誕生と進化について簡単に紹介しましょう。

　この宇宙の時間と空間はアルバート・アインシュタインの「一般相対性理論」によって記述されます。一般相対性理論によると、「物質」と「空間」は密接につながっていて、星のような重たい物質は周りの空間を歪めたり引きずったりします。この空間の歪みを私たちは重力として感じています。一方、重力には引力しかないため、宇宙に散らばった天体は互いに重力で引き合います。宇宙空間の中で星が互いに引き合うとき、星は宇宙空間そのものを引きずるため、宇宙空間には全体的に内向きの力がかかっているような感じになります。このことから、一般相対性理論を素直に解釈すると、この宇宙空間は全体として収縮しているか、あるいは減速しながら膨張しているかのどちらかしかありえない、という結論になってしまいます[2]。当時は「宇宙空間が動いている」なんて、一般相対性理論を作り上げたアインシュタイン自身でさえ信じられませんでしたが、それを観測的に確かめたのがエドウィン・ハッブルです。ハッブルは、今では「ハッブルの法則」として知られる「銀河は距離に比例した速度で遠ざかっている」という現象を発見しました。これは宇宙空間そのものの膨張を意味しています。それはどういうことでしょうか？

2　しかし現実は、なんと宇宙は加速しながら膨張しているという事が最近の観測から明らかになっています。これはすなわち、万有斥力のようなものがこの宇宙にはあるはずだという結論となってしまいますが、その正体は現時点では全く不明です。この宇宙膨張を加速させている正体不明のものを「暗黒エネルギー」と呼んでいます。この宇宙の加速膨張を発見したサウル・パールムッター、ブライアン・シュミット、アダム・リースの3名は2011年にノーベル物理学賞を受賞しました。

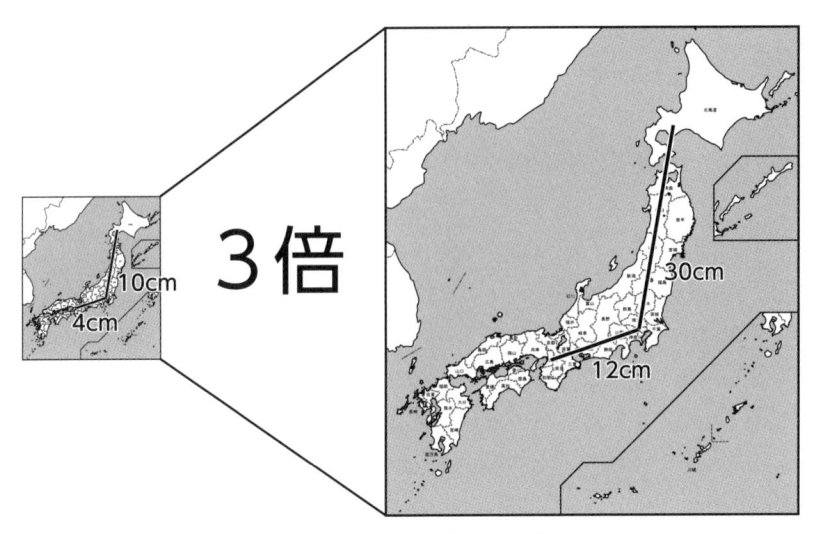

図2　日本地図を用いた宇宙膨張の説明

　この宇宙には銀河がたくさんあり、それらはランダムに運動していま
す。それらの数多くの銀河が、地球から見て「たまたま」距離に比例し
た速度で遠ざかっているとは考えられません。一方で、銀河は宇宙空
間に対して（ほぼ）静止していて、その宇宙空間そのものが膨張してい
るとしたらどうでしょう？　わかりやすく説明するため、図2のような
日本地図を宇宙だと思ってください。私たちは「東京銀河」に住んでい
て、遠くの「大阪銀河」と「札幌銀河」を観測しているとします。大阪
銀河までの距離は4cm、札幌銀河までの距離を10cmとしましょう。こ
の「日本地図宇宙」が膨張して大きさが3倍になったとすると、大阪銀
河までの距離は12cmとなり＋8cm、札幌銀河までの距離は30cmとなり
＋20cmですね。このようにもともと遠くにあった札幌銀河の方がより
遠ざかっていて、その遠ざかる割合（遠ざかる速度）は距離に比例して
います。ハッブルが観測した「銀河は距離に比例した速度で遠ざかって
いる」という観測事実はまさにこれを示していて、銀河が動いているの
ではなく、銀河が乗っかっている宇宙空間そのものが膨張していると考

えるのが自然なのです。

　宇宙が膨張しているということは、過去の宇宙は小さかったということを意味します。ここから「宇宙はとても小さな点からビッグバンという大爆発で誕生した」という発想が生まれます。ではその証拠はあるのでしょうか？ ― あります。その大爆発の痕跡が観測されているのです。

　宇宙の時間を巻き戻していくと、宇宙はどんどん小さくなります。これは宇宙の中で物質がぎゅっと圧縮されていたことを意味しており、そのように圧縮された宇宙はとても熱いのです。では熱い宇宙の中で物質はどうなるのでしょうか？　私たちは、氷（固体）を温めると水（液体）になり、さらに温めると水蒸気（気体）になることを知っています。そこからさらに熱していくと、物質はプラズマになります。つまり過去に行くほど宇宙は熱く、誕生直後の宇宙では物質はプラズマ状態だったのです。プラズマの中では光は真っ直ぐに進めず中に閉じ込められるという性質があります。従って誕生直後のプラズマ宇宙では光は中に閉じ込められている様な状態でした。そんなプラズマ宇宙が時間が進むにつれ膨張して温度が下がることで、中の物質がプラズマから普通の状態へ変化します。この時プラズマの中に閉じ込められていた光が解放されて一気に飛び出します。言い方を変えると、宇宙全体が光り輝くのです。この「宇宙の晴れ上がり」と呼ばれる現象はビッグバンによる宇宙誕生から約 38 万年後に起こりました。この時の光を「宇宙マイクロ波背景放射」というマイクロ波（電波の一種）での宇宙の明るさとして観測できるのです。この「宇宙マイクロ波背景放射」を 1964 年に世界で初めて観測したアーノ・ペンジアスとロバート・ウィルソンは 1978 年に、その後 1989 年に打ち上げられた COBE（コービー）という人工衛星で「宇宙マイクロ波背景放射」の精密測定をしたジョージ・スムートとジョン・マザーが 2006 年にそれぞれノーベル物理学賞を受賞しています。

　この様に、この宇宙はビッグバンで誕生したという証拠は、「マイクロ波で見た宇宙の明るさ」の観測から得られたのです。一方で、星からの光は主に可視光から近赤外線として私たちのもとに届くので、私たち

は「可視光や近赤外線での宇宙の明るさ」の観測から、見えない星からの光を探そうとしているのです。では次は、実際にどの様にして宇宙の明るさを測るのかを見ていきましょう。

空気が邪魔！

図3　水面の方を見上げた様子（金沢 21 世紀美術館で撮影）

　水中眼鏡をつけてプールに潜って水面の方を見上げる様子を想像してみましょう。図3は、私が金沢21世紀美術館にて撮影してきた写真です。ここでは、巨大なプールの下から外を見上げることができる展示があります。このように、プールの底から外を見上げると、プールの水がゆらゆらと揺れて、外の様子をはっきりと見ることはできません。実は同じことが天文観測でも起こっているのです。私たちは地球大気という巨大なプールの底に住んでいるので、そこから見上げた夜空は、まるで水中から見上げた外の世界の様子のように、ゆらゆらと揺れています。皆さんも明るい星を見たときに、その星がチカチカとまたたいているのを見たことがあるでしょう。この星のまたたきこそ地球大気による影響なの

です。だから天文学者は空気が嫌いです[3]。空気が天文観測に及ぼす悪影響は主に以下の三つです。

- 地球大気のゆらぎのため、星の像がゆらゆらと揺れてしまう（星のまたたき）
- 特に赤外線やX線などは地球の大気で吸収されてしまうため、地上からは観測できない
- 主に赤外線で地球大気は明るいので、暗い天体が見えにくくなる

　そのため、すばる望遠鏡は標高 4,200m のハワイ島マウナケア山頂に、世界最大の電波望遠鏡群 ALMA は標高 5,000m のチリのアタカマ山脈にといったように、世界最高クラスの望遠鏡は標高が高く空気が薄いところに建てられています。しかし天文学者はそれでも満足できず、望遠鏡を人工衛星にして地球大気の外の宇宙に持って行くのです。それが宇宙望遠鏡です。ハッブル宇宙望遠鏡が最も有名ですが、JAXA による X 線天文衛星「すざく」や赤外線天文衛星「あかり」[4]（図 4）など、日本の宇宙望遠鏡もあります。

3　でもだからと言って「だったら息するな」と天文学者をいじめないでください。
4　「あかり」については、私自身も制作に関わった以下の漫画がわかりやすいです。http://www.ir.isas.jaxa.jp/AKARI/misc/comic/index-j.html
　　また、「あかり」のクライオスタットのプロトタイプモデルは名古屋市科学館で見ることができます。http://www.ncsm.city.nagoya.jp/cgi-bin/visit/exhibition_guide/exhibit.cgi?id=A511

図4　赤外線天文衛星あかり（ISAS/JAXA）

　私たちの「宇宙の明るさを測る」という目的に対しては、「地球大気が明るい」という問題が最も厄介です。普段暮らしていると「空気が明るい」なんて想像できないかもしれませんが、特に赤外線で観測すると、地球大気は眩しいほどにとても明るいのです。そしてその地球大気の明るさは、私たちが測りたい宇宙の明るさよりも何千倍も明るいので、それらが重なり合って、測定したい宇宙の明るさを隠してしまいます。だから、宇宙の明るさを測るための観測には、地球大気の外の宇宙からの観測が必要です。

　宇宙からの「宇宙の明るさ測定」の一つの方法は、既存の宇宙望遠鏡を使うというものです。そこで私たちは赤外線天文衛星「あかり」を使って、様々な手法を用いて宇宙の明るさ測定を行いました。その観測によって多くの新たな発見がありましたが[5]、一つ大きな問題がありま

5　「あかり」による赤外線での宇宙の明るさ測定に関する成果については、例えば私自身による以下
　のようなものがあります。http://www.ir.isas.jaxa.jp/AKARI/results/20131227_IRCSpec/index-j.html

した。それは「あかり」は「赤外線での宇宙地図を作る[6]」ことが主な目的として打ち上げられた宇宙望遠鏡であって、「宇宙の明るさを測る」という特殊な観測のために作られた望遠鏡ではないということです。普通の天文観測は、星や銀河といった小さな点状のものを観測する場合がほとんどです。一方で私たちの「宇宙の明るさ測定」では、それら星や銀河が写っていない宇宙空間の明るさを測定します。このように観測対象や目的が異なれば、それに必要な望遠鏡の性能も異なってきます。「あかり」のような宇宙望遠鏡の開発には多くの時間と資金が必要なので、頻繁に打ち上げられるものではありません。そこで「あかり」は、打ち上がって宇宙で観測ができる貴重で短い期間[7]に、世界中の天文学者が色々な種類の観測ができるように考慮されて設計されています。とはいえ「なんでもできる」望遠鏡であるがゆえに、「宇宙の明るさ測定」という特殊な目的のために特化された望遠鏡ではないのです。そこで私たちは、「あかり」による観測と並行して、別のプロジェクトも進めていました。それが、ロケット実験 CIBER（サイバー Cosmic Infrared Background ExpeRiment）です。

2 小さな手作り望遠鏡で宇宙へ

ロケットでの観測とは？

　CIBER とは、日米韓の国際協力によるロケット観測プロジェクトです。私たちが作った「宇宙の明るさを測る」ことに特化した専用の望遠鏡を NASA の小型の「観測ロケット」に搭載して、打ち上げて観測します。ロケットと聞くと、人工衛星を打ち上げる H-IIA ロケットのような大きなロケットをイメージする人が多いでしょう。一方で「観測ロ

6　「あかり」が作った赤外線の宇宙地図はこちらを参照してください。http://www.isas.jaxa.jp/j/topics/topics/2015/0115_akari.shtml

7　「あかり」の場合は 2006 年 2 月 22 日に打ち上げられ、2011 年 11 月 24 日に運用を終了したので、運用期間は約 5 年 9 ヶ月間、ちなみに設計寿命は 3 年間でした。

ケット」と呼ばれる小型のロケットもあります。観測ロケットは小型の
ロケットなので、地球を周回するような人工衛星を打ち上げることはで
きません。野球ボールを真上に投げ上げると、放物線を描いて地面に落
ちてきますが、観測ロケットがやっていることも基本的にはそれと同じ
です。すなわち観測ロケットは（ほぼ）真上に打ち上げられて、最高到
達点に達して、再び地上に落ちてきます。この時、最高到達点が 100km
よりも高ければ、そこは宇宙です。この観測ロケットになんらかの実験
装置を積むことで、宇宙でしかできない実験や観測を行うことができま
す。どんな実験装置を宇宙にどれだけの時間持っていけるかは、どんな
観測ロケットを使うかによります。私たちの CIBER では、アメリカ合
衆国の内陸部に位置するホワイトサンズという所から、直径 45cm・長
さ 15m 程度の NASA の観測ロケットに私たちが作った望遠鏡を搭載し
て打ちあげ、地球大気の明るさが無視できるほど弱くなる高度 200km
以上の地点で約 400 秒間の観測を行いました（図 5）[8]。観測終了後は、
観測装置はパラシュートで落ちてくるので、ヘリコプターで探して回収
して、半年から 1 年かけて修理や改造をして、再び次の観測のために打
ち上げます。

　観測時間がたった 6 − 7 分間しかないと聞いて驚く人もいるのでは
ないでしょうか。私自身も最初はとても驚きました。例えば私の場合、
CIBER が立ち上がった頃にちょうど大学院に入学したので、CIBER に
最初から最後まで関われるという幸運に恵まれました。大学院生時代の
最初の 4 年間で、観測ロケットに搭載する宇宙望遠鏡の開発を続け、4
年目が終わる頃の 2009 年にようやく最初の打ち上げ観測が実現できた
のです。この大学院時代の最初の 4 年間の苦労は、たった 400 秒間の観
測のためだったのです！

8　ここで紹介したのは最初の 3 回の打ち上げ観測の場合の例です。4 回目はひとまわり大きな観測ロ
　ケットを用いたので、最高高度が 550km に達し、観測時間は約 600 秒間でした。

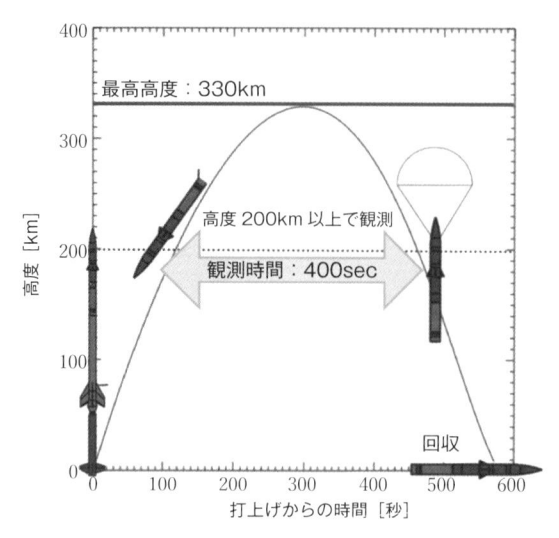

図5　CIBER におけるロケットの高度と観測時間

ロケット観測の特徴

　人工衛星による宇宙望遠鏡に比べて、観測ロケットに宇宙望遠鏡を搭載して観測する場合、この観測時間の短さは確かに大きな欠点です。でも以下のようなそれに勝る利点があるからこそ、私たちは CIBER という観測ロケット実験を実施しました。

　・宇宙望遠鏡での観測を早く安く実現できる
　・装置を回収して再利用できる
　・教育的効果が高い

　人工衛星の開発には 10 年も 20 年も時間がかかってしまうことも珍しくありません。したがって、10 年後や 20 年後に明らかにしたい（しなければならない）科学的問題を念頭において、それを達成できる観測装置を設計して作らなければなりません。しかし、それはなかなか大変な作業です。しかも、実現にそれだけの時間がかかってしまうので、今現

在ホットな科学的問題に取り組むことはなかなか難しいです。一方で観測ロケットの場合は、小型の装置なので早く安く達成することができます。CIBER の場合は作り始めてから最初の成果が出るまで 5 年です。したがって、今現在取り組むべき科学的課題に迅速に対応できます。

　また、NASA の観測ロケット特有の大きな特徴として、観測後に装置を回収できる点も大きいです。ハッブル宇宙望遠鏡などの極めて特殊な例外を除いて[9]、人工衛星は一旦打ち上げてしまったらもう触れることはできません。そのため、装置が壊れてしまっても修理ができないのです。一方で CIBER の場合、装置を回収することで 2009 年から 2013 年の 4 年間で 4 回も再利用して打ち上げ観測を実施しました。その中で、1 回目の観測で明らかになった問題点を改善するような改造をほどこすことで、2 回目以降の観測ではよりよい成果を挙げることができました。さらに設計段階では想定していなかった新たな機能を追加することで、新たな科学的データを得ることにも成功しました。また、宇宙での観測の前後に実験室で感度などの特性が変化していないかを確認することで、観測の信頼性を高めることもできました。

　更に、観測ロケットは教育的効果も高いのです。例えば人工衛星の場合は、先にも述べたとおり開発期間がとても長くなってしまうので、一人の研究者がそのプロジェクトの全体を経験するということはなかなか難しいです。ましてや数年で卒業していってしまう学生ならなおさらです。一方で私の場合は、CIBER が立ち上がったちょうどその頃に大学院に入学したという事が幸運でした。そのおかげで、設計・装置製作・装置調整・打上げ・観測・データ解析・論文執筆という宇宙プロジェクトの

9　ハッブル宇宙望遠鏡の場合は今までに 5 回、故障した装置の交換などの修理をスペースシャトルを用いて宇宙飛行士達が行いました。その他の例として、日本の Space Flyer Unit（SFU）という人工衛星があります。この人工衛星は若田宇宙飛行士が操作するスペースシャトルのロボットアームによって回収され、地球に持ち還られました。この実際に宇宙に行った SFU の本物は今では上野の国立科学博物館で見ることができます。SFU には日本初の赤外線宇宙望遠鏡でもある IRTS も搭載されていて、まさにここで紹介している「宇宙の明るさの測定」などで大きな成果を挙げました。

一連の流れ全てを、CIBER を通して大学院修士・博士課程の 5 年間で体験することができ、その成果で博士号を取得することができました。特にその内の 2 年間は、アメリカ合衆国カリフォルニア工科大学や射場の NASA ワロップス実験場などに滞在して、打ち上げ前の様々な実験に参加しました。初の海外の長期滞在で苦労することも数多くありましたが、とても良い経験ができました。

　CIBER は宇宙ミッションとしては小型のものですが、科学目標を明確化し、それに特化した装置を自分たちで開発して打上げて観測することで、大きな成果を挙げることができました[10]。そして、その成果を更に発展させるべく、より大きな宇宙望遠鏡をロケットに搭載して打ち上げて観測する CIBER-2 も 2019 年度以降の打ち上げ観測に向けて現在急ピッチで準備中なので乞うご期待を。

図6　CIBER 打ち上げ直前の集合写真

---

10 CIBER による宇宙の明るさ測定に関する成果については、例えば以下のようなものがあります。
http://www.isas.jaxa.jp/j/topics/topics/2014/1107_yuragi.shtml

図 7　CIBER　4 回目の打ち上げの様子（口絵①）
(2013 年 6 月 5 日、NASA Wallops Flight Facility)　撮影：新井俊明

3　より暗い空を求めて木星を目指す

今度は太陽系が眩しい?!

　天文学者は空気が嫌いです。だから今まで紹介してきたとおり、その邪魔者の空気から逃れるために、赤外線天文衛星「あかり」やロケット実験 CIBER など、望遠鏡を大気圏外の宇宙に持って行って観測を進めてきました。でも天文学者とはわがままな生き物なので、大気圏の外からでも飽き足らず、今度は「太陽系が邪魔だ」と思っています。特に「赤外線で宇宙の明るさを測りたい」という私たちの研究目的にとって、これは非常に大きな問題なのです。

　まず、「太陽系の明るさ」について説明していきましょう。これは一般に「黄道光」と呼ばれるものです。太陽系内には、小惑星同士がぶつかった時に撒き散らされた破片や、彗星が撒き散らしたチリなど、細かい微粒子が漂っています。このような太陽系内に漂っている微粒子のこ

とを惑星間塵と呼ぶのですが、この惑星間塵が太陽光を散乱するなどして太陽系全体がほんのり光っているのです（図8）。これが黄道光です。真っ暗な環境で夜空を見上げると、肉眼でも黄道光は見ることができるようですが、残念ながら私はまだ肉眼では見たことはありません。でも逆に言うと肉眼でも見ることができるほど明るいので、暗い天体を狙う高感度な天文観測においては、眩しい邪魔な光源となるわけです。特に私たちの「宇宙の明るさを測る」という目的においては致命的で、黄道光が最も暗い空の領域でも、観測したい宇宙の明るさの 10 倍近くの明るさがあるので、観測したい宇宙の明るさが隠されてしまうのです。今までに紹介してきた「あかり」や CIBER の観測では、様々な手法を駆使してなんとか黄道光の明るさを推定し、観測された明るさからその黄道光の明るさを差し引くことで、太陽系の外からやってくる宇宙の明るさを測定してきました。けれどもこの場合、その黄道光の推定の不確かさのため、精度よく宇宙の明るさを測定することはとても困難だったのです。

図8　マウナケア山頂から撮影した黄道光（口絵②）

撮影：空華智子

　では、まぶしい黄道光から逃れるためにはどうすれば良いのでしょう？　答えは単純で、大気が邪魔なので大気の外に望遠鏡を持って行ったのと同様に、今度は黄道光の原因である惑星間塵の外に出れば良いのです。先ほど、黄道光の原因は惑星間塵という太陽系内を漂う微粒子だと紹介しましたが、その微粒子の密度は太陽から遠ざかるほど薄くなっていきます。したがって黄道光も、太陽から遠ざかるにつれて暗くなっていきます。1970 年代前半に打ち上げられた NASA のパイオニア探査機 10 号と 11 号は、人類史上初めての木星探査機でもありますが、これらの探査機は黄道光を観測しながら木星に向かいました。その観測の結果、木星軌道（約 5.2 天文単位 [11]）まで行けば黄道光は無視できる程度に低減されることが分かりました。したがって、木星まで行けば、眩しい黄道光に悩まされない「宇宙の明るさ」の直接観測が可能です。とはいえ木星になんてそう簡単に行けるものではありません。そこで私たちは、「ガリレオ衛星食」と呼ばれる天文現象を巧みに利用することで、地球からの観測なのに、あたかも木星から観測したかのように、眩しい黄道光に邪魔されない特殊な手法による観測を進めたりもしています [12]。とはいえやっぱり木星から直接宇宙の明るさを観測したい。何とかして木星まで行けないでしょうか？

「はやぶさ」「はやぶさ 2」が次に目指す場所

　一方、日本の宇宙科学の世界には、他にも全く別の理由で木星まで行きたいと考えている人たちがいました。その流れの起源はあの「はやぶさ」にあります。「はやぶさ」は 2003 年に打ち上げられた小惑星探査機で、2005 年に小惑星イトカワに着陸してサンプルを採取し、2010 年にそのサンプルを地球に持ち帰りました。その過程の中で、行方不明や装

11　1 天文単位とは太陽 – 地球間の平均距離のことで、149,597,870,700 m（約 1 億 5,000 万 km）です。
12　この観測手法はやや複雑なのでここでは詳細は紹介できませんが、興味のある人は私自身が書いた『天文月報 2015 年 6 月号』の記事を参照してみてください。
　　http://www.asj.or.jp/geppou/archive_open/2015_108_06/108_345.pdf

置の故障など幾多のトラブルを乗り越えつつ帰還に成功したこともあり、帰還後は映画が 3 本も制作されるなど大きな話題を集めた探査機です。その「はやぶさ」の成果を引き継いだのが「はやぶさ 2」です。「はやぶさ」初号機はあくまで「工学実験機」であり、小惑星までの往復を達成すること自体が目的でした。その成果の上にある「はやぶさ 2」は、往復することはもはや当然で、小惑星の科学的な調査を目的とした探査機です。「はやぶさ 2」は 2014 年 12 月に打ち上げられ、2015 年 12 月に地球スイングバイ [13] を成功させ、小惑星リュウグウにむかいました。そして 2018 年 6 月 27 日に無事に小惑星リュウグウに到着し、科学観測やサンプル採取などを実施したのち帰路につき、地球帰還は東京オリンピック直後の 2020 年末の予定です。ちなみに、「はやぶさ 2」に搭載されている NIRS3 という観測装置には私も関わっていて、CIBER に搭載した観測装置で用いられた技術などが活かされています。

　「はやぶさ」等で小惑星を調べる科学目的の一つは、「地球上の水や有機物の起源を知りたい」というものです。そのためには、昔の地球や太陽系の姿を知りたいわけですが、地球のように大きな天体では、火山活動やプレートテクトニクスなどの惑星の活動により、地球誕生直後のような古い情報は消されてしまっています。一方で小惑星は小さいので、火山活動もプレートテクトニクスも海による侵食もありません。すなわち小惑星が形成された頃の情報がまだそこに残されている可能性が高いのです。地球や小惑星などの太陽系内の天体はほぼ同時期にできたと考えられているので、小惑星形成の頃とは太陽系形成の頃でもあり地球形成の頃でもあるので、小惑星を調べることで地球誕生の頃の太陽系の様子を調べることができるのです。これが「小惑星は太陽系の化石」と呼ばれる所以です。特に地球上の水や有機物がどこから来たのかという問

13　スイングバイとは、惑星の重力を利用して探査機を加速させる技術の事です。「はやぶさ 2」の地球スイングバイについては以下を参照してください。「はやぶさ 2」は地球スイングバイ時に地球の観測も行いましたが、NIRS3 での地球観測は私自身が計画を立案し、その観測に JAXA の運用室で立ち会いました。http://www.jaxa.jp/press/2015/12/20151214_hayabusa2_j.html

題は、私たち生命の起源に直結するので重要です。だから、水や有機物に富む小惑星を調べたいのです。「はやぶさ2」が探査するリュウグウという小惑星はC型小惑星と呼ばれる種類で、水や有機物に富む小惑星なのですが、さらにこれらに富む小惑星として、D型小惑星と呼ばれる種類があります。そしてD型小惑星が多く存在する場所が木星トロヤ群という場所なのです。そこで、なんとかして木星トロヤ群まで行って小惑星を探査し、あわよくば小惑星の表面から砂を採取して地球まで持ち帰ろうという野心的なミッションが計画されました。ソーラー電力セイルによる木星トロヤ群探査ミッション OKEANOS（Outsized Kite-craft for Exploration and AstroNautics in the Outer Solar system）です。

　木星まで行くことの難しさの理由には色々ありますが、その中で最も大きなものの一つが電力問題です。普通、人工衛星や探査機は太陽電池パネルによって発電しますが、木星は太陽から5.2天文単位も離れているので、太陽光強度は地球周辺の $1/(5.2)^2 = 1/27$（約4％）になってしまいます。これを補うためには大きな太陽電池が必要ですが[14]、そんな巨大な太陽電池だと簡単にはロケットに収納できません。そこで、OKEANOS では薄膜太陽電池を使うことにしました。そうすると、ロケット打ち上げ時にはたたんだ状態で格納して、打ち上げ後に宇宙で太陽電池の膜をヨットの帆（セイル）のように展開することで十分な発電を確保できます。これが「ソーラー電力セイル」という名前の所以です。宇宙での膜展開は、世界初の宇宙ヨットである IKAROS[15] を成功させた日本の得意技でもあります。

---

[14] 太陽系から外へ向かって飛行中のパイオニア探査機やボイジャー探査機、木星を探査したガリレオ探査機、土星を探査したカッシーニ探査機、そして冥王星をフライバイしたニューホライズンズ探査機など、過去に木星より遠くまで行った探査機のほとんどは原子力電池を搭載しています。唯一の例外は 2011 年 8 月に打ち上げられ、2016 年 7 月に木星に到着したジュノー探査機で、発電効率の高い最新の大型の太陽電池パドルで木星軌道でも電力を確保しています。

[15] IKAROS とは JAXA が打ち上げたソーラーセイル実証機のことで、宇宙で膜を展開して、その膜で太陽光（太陽風ではない）を受けて、その光の圧力で加速することに世界で初めて成功しました。

学際的な連携で目指すは木星

　私たちは「宇宙の明るさを測定したい」という天文学的な理由から木星に行きたいと考えています。一方で惑星科学者たちは「小惑星を調べて地球や太陽系の起源を知りたい」という理由から木星トロヤ群に行きたいと考えていましたし、宇宙工学者たちは「木星のような遠くの天体まで往復できるような探査機を作りたい」と考えていました。天文学者と惑星科学者と宇宙工学者、理由は違えど目標は同じ木星でした。そこで研究分野が違う私たちが手を取り合って木星を目指すことにしたというのが、この OKEANOS なのです。このように、研究分野が違う人同士がうまく連携し合うことを「学際的」といいます。

　学際的な研究においては、目的達成のために、自分の研究分野とは異なる人たちと共通の土台で議論をしていく必要があります。このような異分野の研究者との議論は有意義で面白いのですが、時には大変なこともあります。例えば私たちは天文学的な立場から「〜〜という天文観測を行いたい」と考えています。これを実際に探査機で実現できるか検討するために宇宙工学者たちと相談する時には、この天文学的な要求を「探査機を宇宙空間で〜〜の精度でこのように動かしたい」といったような宇宙工学的な要求へと翻訳して議論していく必要があります。私たちがやりたい天文観測は簡単にできるものなのか、それともとても難しいのか、これを判断するためには、宇宙工学の「常識」が私たち天文学者にも必要なのです。同様に、私たちが本当は何をやりたいのかという天文学的な内容を、宇宙工学者たちに理解してもらうことも大切です。そうすれば、「その方法では無理だけれども、結局あなたたちがやりたいのはこういう事なら、こういう方法なら実現可能だよ」という風なアドバイスをもらえることもあります。このように、分野が違うながらも、共通に議論ができる程度にお互いの研究分野を理解し合うことが重要なのです。これが学際研究のとっつきにくさ、難しさである一方、自分の研究分野に閉じこもっているだけでは知ることのできない他の分野のことを学べるという学際研究の醍醐味でもあるのです。

　OKEANOS の現時点での計画は次のようなものです（図 9）。まず、現時点では 2026 年ごろの打ち上げを想定しています。その後、地球スイングバイを経て、いよいよ木星への航行が始まります。ここから木星に到着するまでの最初の航行期間こそが私たちの出番です。私たちはこの時の観測のために、OKEANOS に搭載する赤外線望遠鏡である EXZIT（EXo-Zodiacal Infrared Telescope）を開発中です。EXZIT は CIBER と同じように「宇宙の明るさを測る」ことに特化した、口径が 10cm 程度の小型の赤外線宇宙望遠鏡です。EXZIT の科学目的は主に二つあります。

・航行中に黄道光を観測する事で、惑星間塵の太陽系内の 3 次元分布を探る
・黄道光が無視できるほど弱い地点から、「宇宙の明るさ」を直接観測する

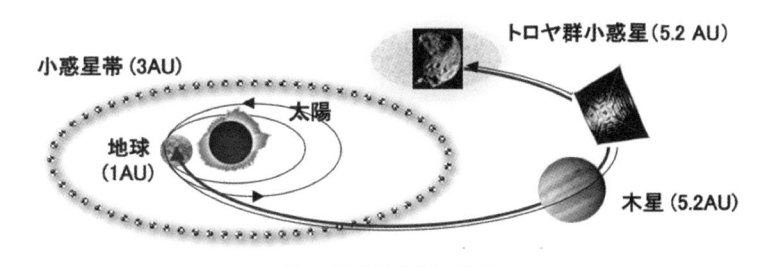

図 9　OKEANOS の計画例

　まず、地球付近から観測を開始するので、この時点では CIBER の時と同じく、観測される明るさのほとんどは黄道光です。でもここから探査機が地球を離れ木星に近づいていくにつれ、黄道光の明るさはどんどん暗くなっていくはずです。この観測から、黄道光の原因である惑星間塵が太陽から離れるにつれどのように減っていくかという、惑星間塵の太陽系内における 3 次元的分布を探ることができます。これは太陽系の構造と進化の様子を調べるのに役立つ重要な情報です。そして、黄道光

がどんどん暗くなっていき、おそらく火星と木星の間で小惑星が密集している小惑星帯を超えたあたりから、もう黄道光は見えなくなるはずです。ここからは、もう何にも邪魔されずに「宇宙の明るさ」を直接観測する事ができます。そんな観測が達成できたら、それは私たちの研究の大きな目標が一つ達成されたことを意味します。宇宙の明るさが本当はどの程度なのか、すなわちこの宇宙を満たす「光の量」がどれほどなのかを知る事ができたら、そこからこの宇宙には星や銀河などの光源がどれだけあるかを推定する事ができます。ひょっとしたら、宇宙誕生直後に生成された「宇宙最初の星」からの光や、未知の素粒子の崩壊が起源の光など、まだ私たちが知らない物理過程の痕跡をつかめるかもしれません。そんなワクワクを胸に秘めながら、今は EXZIT と、それに先立つ CIBER-2 の準備を着々と進めています。

　私たちの EXZIT による「宇宙の明るさ測定」は、OKEANOS が木星に到着するまでに完了する予定ですが、せっかくなのでそれ以降の OKEANOS ミッションの計画概要も簡単に説明しておきましょう。OKEANOS は 2030 年頃に木星に到着の見込みですが、木星にはとどまらず、木星スイングバイによりすぐにトロヤ群に向かいます。木星から目標のトロヤ群小惑星まではなんと 10 年もかかる長旅です。そんな長旅を終えてトロヤ群小惑星に到着したら、そこで様々な科学的な観測を行います。さらに「はやぶさ」のように、小惑星表面からサンプルを採取して、地球に持って帰ってくる事まで検討されています。もしサンプルリターンを実施する場合、また木星まで 10 年かけて戻り、木星スイングバイで地球へ向かうので、地球到着は 2057 年以降となる見込みです。ずいぶん気の長い計画だけれども、とてもワクワクする計画だと思いませんか？

4　本研究が目指す将来の学際的な展開

　私たちの研究目標は「赤外線で宇宙の明るさ」を測定することで、宇宙進化における星形成の歴史を探りたいというものでした。この研究目標を達成するためには、まずは黄道光（太陽系の明るさ）を詳しく観測する必要があり、そこから私たちは「太陽系の構造と進化を黄道光観測を通して探る」という別の研究テーマを見つけ、それも並行して追究しています。また、究極的な「宇宙の明るさ測定」を実現するためには、木星にまで行く「乗り物」が必要なわけで、それを得るために宇宙工学者たちとも協力しながら研究を進めています。

　このように私たちの研究の場合は、一つの研究テーマをとことん追い求めようとしていく過程の中で、自ずと惑星科学や宇宙工学といった分野との学際的なコラボレーションが生まれてきました。これは、天文学の世界での主要な研究手法である「望遠鏡で観測する」に加え、惑星科学の世界で用いられる「現地に行ってみる」という異分野の手法を取り入れたものであり、またその実現には宇宙工学の最先端で研究されている技術の利用が必須という意味で、課題解決のために異分野の手法を採用するという学際的な協力関係を築いています（これは「プロローグ」で論じられた（B）に対応）。また、例えば宇宙工学者にとっても、我々の研究から「木星に行かなければならない理由」を手にすることで、彼らがやりたい「木星まで行ける新しい探査機」を開発する大きな動機を得ることになるので、このような学際的な協力関係においては、お互いに win-win な関係となっているのです。さらに、宇宙という舞台を活用するこのような研究の実現のためには多額の資金投入が必要不可欠です。その研究の価値（単に役に立つ・立たないという論点のみにとどまらず、宇宙の理解が人類の宇宙観にどういう影響を与えるのかというより大きな意味においても）を広く社会に発信していく「アウトリーチ活動」もとても重要なのです（これは「プロローグ」で論じられた（C）に対応）。

　このような今までの研究活動で築いてきた学際的な協力関係を活かし

て、将来的に実現させたいと私が考えていることは「木星天文台」の建設です。地球からの観測では、太陽系内の黄道光が眩しすぎて、暗い天体を精度よく観測することができません。そこで、その眩しい黄道光から逃れ、木星という最高の環境で天文観測ができれば、特に中間赤外線では今までにない高感度な天文観測が実現可能です。EXZIT は、「宇宙の明るさ測定」に特化した小型の望遠鏡でした。まずはこれを成功させて、次はもっと大きな口径 1m クラスの望遠鏡を木星にまで持っていくことで、将来の本格的な「木星からの天文学の時代」の幕開けにしたいと考えています。天文学の発展においてハッブル宇宙望遠鏡の与えたインパクトはとても大きかったのですが、それは従来の「望遠鏡を大きくする」という量的な発展ではなく、「望遠鏡を地球大気の影響がない宇宙に持って行く」という質的な変化がもたらした成果です。このほか、「はやぶさ」が初めて小惑星のサンプルを地球に持ち帰ったという意義も、今までは（アポロで持ち帰った月サンプルを除いて）「見る」ことしかできなかった天体の研究に対して、持ち帰ってきたことで初めて「触る」ことができ、より詳細に調べることができるようになったという質的な変化にこそあります。木星天文台は、このような質的な変化が期待されるという意味で、現在計画されている他の将来の望遠鏡計画と比べて全く引けを取らない、価値がある計画だと考えています（これは「プロローグ」で論じられた（A）に対応）。まだ人類がなしえたことのないそのような天文台を実現するためには、天文学者の力だけでは到底不可能で、宇宙工学者など、様々な専門家たちとの学際的な協力が不可欠です。そのような異分野をつなぐ大きなミッションを実現するためには、普段の研究活動において学際的な視点を持ち、必要な時に必要な協力を得られるような関係作りが重要なのです。

　自分の研究テーマからちょっと離れて、天文学全体を見渡してみても、将来は学際的な研究が重要な鍵を握ることは間違いありません。その大きな舞台となるのは「宇宙生物学」でしょう。太陽系内では、火星をはじめ、木星の衛星エウロパや土星の衛星エンケラドゥスなどに、生命が

存在した、あるいは今も存在している可能性が真剣に議論され始めました。また、太陽系の外にも大量の系外惑星が発見されるようになり、その中には地球に似た惑星も発見され始めました。そのような太陽系外惑星にも生命がいるかもしれません。では、どのような環境の天体なら生命が発生し進化しうるのか、どのような天文観測をすれば遠くの太陽系外惑星における生命の存在を確認できるのか。これらはまさにこれからの天文学の一大テーマであり、その研究には天文学者と惑星科学者と生命科学者の学際的な協力がますます重要になってきます。

　私たちの手で木星天文台を完成させ、それを使って遠くの太陽系外惑星を観測して、そこに生命存在の兆候を発見できたら、どんなに素晴らしいことかと、私は胸がふくらみます。そんな夢を見つつ、今は目の前のミッションに取り組んでいます。

さらに学ぶための文献

[1]　津村耕司著『宇宙はなぜ「暗い」のか？ ─オルバースのパラドックスと宇宙の姿─』(ベレ出版、2017 年)
　　　本書のテーマである「宇宙の明るさの測定」について、「オルバースのパラドックス」に焦点を当てながら解説しているので、本書とは別の切り口でこの内容を理解してもらえると思います。また、オルバースのパラドックスの解説を通して、広く天文学の基礎についても学べるような内容となっています。

[2]　サイモン・シン著 / 青木薫訳『宇宙創成 (上・下)』(新潮文庫、2009 年)
　　　本章 1「宇宙はビッグバンで誕生した」で紹介したビックバン宇宙論について、さらに詳しくわかりやすく解説した本です。人類がどのようにして「この宇宙はビッグバンで誕生した」と知るに至ったのかを非常にわかりやすく書かれています。古代ギリシャから最新の天文観測に至るまで、それに関わった人たちにも焦点が当てられており、とてもドラマチックに描かれています。

[3]　岡村定矩ほか編『シリーズ現代の天文学 第2版 第1巻 人類の住む宇宙』(日本評論社、2017 年)
　　　日本天文学会の創立 100 周年を記念して出版された、天文学のすべて

の分野を網羅する教科書シリーズの第 1 巻です。第 2 巻以降は天文学の各論を大学生レベルで記述する教科書ですが、この第 1 巻はその導入として天文学全般を高校生レベルにもわかることを目指して書かれているため、天文学の導入書としては最適です。

[4]　川口淳一郎監修/「はやぶさ」プロジェクトチーム編『小惑星探査機「はやぶさ」の超技術　—プロジェクト立ち上げから帰還までの全記録—』(講談社ブルーバックス、2011 年)

本章 3 でも紹介した小惑星探査機「はやぶさ」について詳しく書かれた本です。実際の人工衛星や探査機は、どのような考えのもとに、どのように作られているのかという点について、実際に「はやぶさ」計画を立ち上げ成功させたメンバー自らが解説しています。宇宙望遠鏡などの人工衛星などに興味を持っている人は是非読んでみると良いでしょう。

[5]　海部宣男、星元紀、丸山茂徳編『宇宙生命論』(東京大学出版会、2015 年)

本章の最後に紹介した「宇宙生物学」の最新の知見についてわかりやすくまとめられた一冊です。天文学・惑星科学・生命科学のそれぞれの知見がまとめられており、これぞまさに学際的なコラボレーションという一冊です。

執筆者紹介

津村　耕司（つむら　こうじ）

東北大学学際科学フロンティア研究所助教。2010年3月東京大学大学院理学系研究科天文学専攻博士課程修了。博士（理学）。日本学術振興会特別研究員（DC2）、宇宙航空研究開発機構（JAXA）宇宙科学研究所（ISAS）宇宙航空プロジェクト研究員などを経て現職。専門は赤外線天文学。ロケット実験 CIBER の成功に対して、2014年9月に NASA Group Achievement Award を受賞。著書に『宇宙はなぜ「暗い」のか？―オルバースのパラドックスと宇宙の姿』（ベレ出版、2017）、『天文学者に素朴な質問をぶつけたら宇宙科学の最先端までわかったはなし』（大和書房、2018）がある。天文学を志したきっかけは高校の物理の授業。惑星の運行などの勉強から宇宙に興味を持ち、当時の最先端天文学をブルーバックスなどを通じて知り、この宇宙がビッグバンで誕生した事には証拠があるという事に衝撃を受けたことから。趣味はスキューバダイビングですが、最近はなかなか潜れていません。

第 2 章
人口減少期の交通デザイン

山口　裕通

1　交通とは？交通計画とは？

　今の社会は、ヒト・モノが、長距離を高速に移動することを前提に成り立っています。

　私たちの周りにあるモノのほとんどは、国内各地あるいは世界各地から各パーツが集められ、組み立てられ、今ある場所に運ばれてきています。そして、私たちも様々な場所に移動しながら生活しています。読者の皆さんも、自宅や学校・職場といった場所にほぼ毎日移動し、ときどき都心のカフェやスーパー、温泉旅館などといった場所への移動を行っているでしょう。

　では、なぜ私たちは移動をするのでしょうか？　それは、「適した場所」で活動するためです。休憩・家族団らんには自宅が、勉強するには学校が、仕事するには職場が適しており、そこで活動をするために私たちは移動しています。モノについても同様です。この本も、いまあなたに読まれるために、印刷された場所から「適した場所」に移動され読まれていることと思います。

　現代社会の大きな特徴の一つは、この移動がより速く・安く・大量に・遠くにできるようになった点です。これは、自動車・鉄道・船舶・航空機といった乗り物の発明・改良と、道路網や鉄道網・空港などの交通路整備の成果です。その結果、私たちはより望ましいモノを世界中から簡単に入手できるようになりました。また、たとえ距離が離れた場所であっても、各個人にとってより望ましい職場や学校を選択して通勤・通学できるようになりました。そして、ヒトがより多くの情報を入手し、

より多様なヒトと交流・議論することが可能になったことは、革新的な発明などにもつながってきました。

このような点からも、ヒト・モノの移動（交通）を担う交通インフラ・サービスは、我々の利便性の高い生活を支え、社会の発展を導く重要な役割を担ってきたといえるでしょう。

それでは、

　— 交通を滞りなく実行し、より望ましい社会を実現する為には、
　　　　　交通サービスをどのように改善すべきでしょうか？ —

私が専門とする交通計画学では、この疑問に対する回答を探求しています。

これまでの交通計画学が解決するべき大問題は、人口増加・交通量増加によって交通インフラが不足することで渋滞が発生するという「混雑問題」でした。これはほとんどの大都市において現在も未解決の大問題であり、世界中の研究者が解決に向けて議論を重ねています。しかし、私たちの住む日本に目を向けると、これから人口が減少するという状況下にあります。これは、これから私たちは「減少」という、これまでの「増加」に対して真逆の現象に直面することを意味し、解決するべき交通の大問題も大きく変わりつつあります。

この章では、

・人口減少下での交通の大問題とは何か？
・その大問題は今後 50 年でどれくらい深刻になるのか？
・大問題に対してどのような解決方法が考えられるのか？

といった疑問に答えつつ、人口減少による交通計画の新しい課題を紹介していきます。

2　交通計画学の一大テーマ・混雑問題

交通における混雑問題とその解決の方向性

　人口減少下での交通問題を紹介する前に、これまでの交通計画学の一大テーマであった「混雑」の問題点と解決方策を簡単に見てきましょう。

　交通における混雑問題の代表格は、道路上の自動車による交通渋滞です。読者のほとんどの方も、この渋滞を経験したことがあるでしょう。この交通渋滞とは、道路上の自動車交通が多すぎることによって速度が低下し、通過できる自動車の台数が減ってしまう現象[1]です。

　この交通渋滞は全世界共通の都市問題で、莫大な経済損失を引き起こしています。例えば、日本では一人当たり年間約 30 時間も渋滞の中で余計に過ごしていると推計されています［国土交通省、2006］。そして、この時間は他の作業をすることができずに無駄に過ごしています。

　また、道路交通以外でも、「混雑」は様々な問題を引き起こしています。例えば、航空では空港において混雑が発生しています。東京の空の玄関口である羽田空港は、現在の空港施設で扱うことのできる発着数よりも多くの需要が集中して混雑しています。つまり、もっと多くの飛行機を飛ばしたいのに、滑走路が足りなくて飛ばすことができない状態に陥っており、行政が飛行機の発着数を制限しています。このような時には、羽田空港の航空サービスを利用して旅行したかった人々は、発着枠が配分されなかったために旅行することができません。そのため、この旅行をあきらめたことによる損失が発生します。

　このように、道路・空港などのインフラの容量に対して、多くの需要が集中する（交通が混雑する）と、渋滞による時間的損失や「移動」を断念させる損失が生じます。これまでの交通計画における一大テーマは、

1　ここでは、「渋滞現象」についてあまり取り上げずに、この説明で済ませます。しかし、非常に奥が深い現象で、交通分野以外の研究者も含め、様々な面から渋滞の研究が行われています。興味がある方は、「さらに学ぶための文献」で挙げるような文献を手に取ってみてください。

「混雑による莫大な損失をどのように軽減するか？」でした。

　この混雑問題を解決する方法としては、大きく分けて二つの方法があります。これらの方法について図1を用いて説明します。混雑問題の根本的な原因は、交通流に対してインフラの容量が小さすぎることです。図1上のように、2車線必要な交通流が1車線しかない部分に殺到すると、渋滞が発生して通過するために追加で時間がかかります（時間損失が発生する）。これを解決する方法として、一つ目は「容量増強」があります。単純に、図1（1）のように道路を2車線にすればインフラ容量の不足を解決することができます。二つ目の解決方策は、「集中する交通量を減らす」ことです。図1（2）のように道路を、迂回路（バイパス）を整備・活用し交通需要を分散させることで、容量不足部分に集中する交通量を減らすことができます。

　以降では、二つの解決方策をより丁寧に説明したうえで、それぞれのフロンティアを簡単に紹介します。

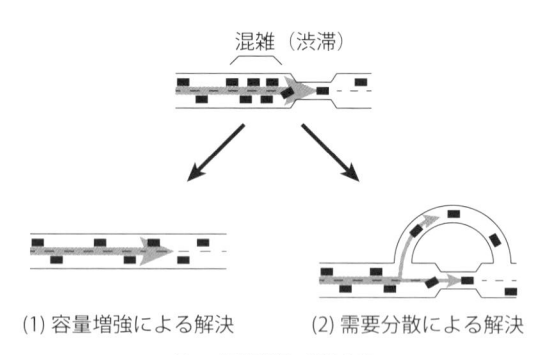

(1) 容量増強による解決　　　　(2) 需要分散による解決

図1　混雑問題の解決方策

容量増強による混雑問題の解決

　まず最もシンプルな解決策といえる、「交通流に対して不足であった交通容量を十分な量まで大きくする」方策を見ていきましょう。例えば、道路交通の混雑では車線数を増やす、鉄道の混雑では編成あたりの車両数を増やす、空港の混雑では滑走路を増設することが、この解決策に相

当します。また、ETC（Electronic Toll Collection system；電子料金収受システム）導入も、容量増強策に含まれるといえます。ETC導入は、料金所をノンストップで通過することを可能にし、料金所における交通容量を飛躍的に大きくしました。その結果、料金所周辺の渋滞を大幅に解消することに成功しています。

　近年、研究開発が進んでいる自動車の自動運転技術もこの容量増強に寄与する可能性があります。例えば、自動運転技術を活用した「隊列走行」であれば、車間距離を小さくし［国土交通省、2013］、同じ道路設備であっても一定時間あたりにより多くの自動車を通過させることができます。その結果、道路設備を変えなくても容量増強を行ったのと同じ効果を得ることができます。

需要分散による混雑問題の解決

　次に、「容量に合わせて交通量を少なくする」ことで混雑を解消する方策を見ていきましょう。しかし、単純に交通行動自体を止めさせてしまっては本末転倒なので[2]、ここでは交通量を「分散」させて通過交通量を少なくする方策を説明していきます。

　交通流の複数ルートへ分散は、インフラを整備し代わりのルートを確保することで「ある程度は」達成されます。新しい迂回道路（バイパス）や鉄道、路線バスを整備すれば、一部の移動者は混雑を回避するために新しい移動経路（手段）を選択するようになります。その結果、交

---

[2]　「交通行動を止めさせる」ことは、移動先での活動・モノの入手を不可能にすることを意味し、経済的な損失を発生させます。冒頭で述べた交通の重要性を考えれば、このような施策は避けるべきでしょう。ただし、交通流の分散以外で、活動・モノの入手を維持しつつ、交通流を少なくする方法もあります。それは、都市構造自体を再構築することなどが相当します。例えば、居住地と職場が歩いて行ける人が多くなるよう都市を再構築すれば、通勤時に自動車・鉄道を利用する人が少なくなり、混雑を緩和することができます。この居住地や職場、都市内の施設配置を変更する施策は、効果的かつ根本的な解決策といえますが、莫大な時間とコストがかかる困難な施策でもあります。近年は、「コンパクトシティ政策」として、この都市構造の再構築に取り組む例も多くみられます。

通流が分散され混雑が緩和されます。

　しかし、各移動者による判断のみでは「ある程度」にしか分散されず、ほとんどの場合には最適な配分が達成されません。例えば、大都市部の道路混雑を考えると、ほとんどの自家用車利用者がより交通容量の大きい鉄道・路線バスを選択すれば、道路上の渋滞を緩和し時間損失を軽減することができます。しかし、多くの自家用車利用者は依然、鉄道や路線バスではなく自家用車を選択して移動しているままです。

　このとき、自家用車利用者の選択を鉄道・路線バスに誘導することで、現状のインフラのままでより円滑な交通流を実現することができます。このように移動者の選択行動に働きかけて渋滞などの交通問題を解決する施策は、TDM（Transport Demand Management）と呼ばれています。例えば、この TDM の手段の一つである「混雑料金（税）」は、自家用車利用者に対して混雑料金を課すことによって鉄道・路線バスに誘導し渋滞の緩和を図ることができます[3]。

　以上では、複数のルートに分けるという交通量を「空間的に」分散させる方法を説明してきましたが、近年は「時間的に」分散させる方法も活発に議論されています。これは図 2 に示すように、ピーク時間の交通量を分散させ小さくすることで、ピーク時間における容量不足を解消させる方法です。このような時間的分散は、時間毎に異なる混雑料金を課すことによって実現できます。例えば、航空では交通量を時間的に分散させるために、交通量の少ない時期に格安運賃の航空券を多く販売しています。このような格安運賃を設定することによって、スケジュールに余裕がある移動者をゴールデンウィークなど混雑している期間から他の期間に誘導し、混雑を緩和する効果があります。

3　実際に、ロンドンでは都心部の道路混雑緩和のために混雑料金制度を導入しています。この制度では、都心部の決められたエリア内で車両を運転するドライバーから混雑料金を徴収することで、自家用車の都心部への流入を抑制しています。

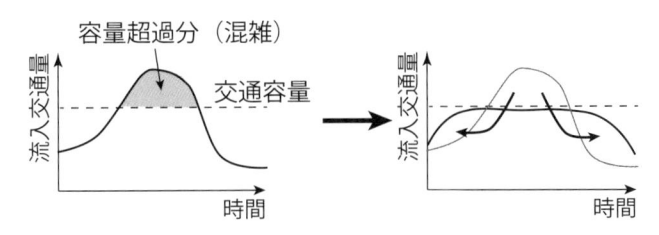

図2　需要の時間的分散による混雑問題の解消

混雑問題に対する交通研究の取り組み

　この混雑問題の解消に、第一に必要な処方箋は「インフラ整備」でした。なぜなら、増加する交通量に対して交通インフラの容量が圧倒的に不足し、代替となる経路も不十分な状態であったからです。そこで、交通の研究者たちは、「いかにヒト・モノの流れを予想しインフラを作っていくか？」を探求してきました。近年は、基本的な交通インフラが充実してきており、さらに情報通信技術などを活用しながら「どのようにインフラを効率的に活用するか？」「どのように交通サービスの効率を向上するか？」といった内容に研究の重心がシフトしつつあります。

3　人口現象が引き起こす交通の大問題

人口減少による公共交通の利便性低下問題

　それでは、人口減少の話題に移りましょう。人口減少が進展すると、それに伴って交通量も減少することが予想されます。この交通量の減少は、混雑を緩和させるという面では好ましい事象といえます。しかし、「減少」は増加による混雑とは根本的に異なる大問題を引き起こしつつあります。

　その大問題とは、人口減少による「公共交通の利便性低下」です。交通量減少は運賃収入の減少を意味し、鉄道会社やバス会社など事業者の経営状態が悪化します。そして収入減少の結果、運賃の値上げや運行頻度の減少といった利便性の低下、あるいは交通サービスの廃止が起き

てしまうという問題です。現状でも、人口密度が低い地方部においては、すでにこの問題は起こりつつあります[4]。この利便性の低下は、住民の生活水準の低下に直結し、さらに都市内や都市間の交流活動の縮小を通じて都市の衰退にもつながりうる大問題です。

公共交通サービスレベル低下のメカニズム

なぜ、人口減少が公共交通のサービスレベル低下につながるのでしょうか？　簡単に説明すると、公共交通サービスは「割り勘」で成り立っているからです。

レンタカーを使って4人グループで旅行をするシーンを考えてみましょう。レンタカーの代金が1台1万円とすると、この場合は一人当たり2,500円でレンタカーを利用することができます。しかし、一緒に旅行に行く人数が2人減り、2人だけで旅行しようとする場合はどうでしょうか？　この場合でも、レンタカーは一台借りる必要があるので、レンタカー代1万円は同じようにかかります。その結果、一人当たりの「割り勘」額は5,000円となり、4人で旅行するときと比べて2倍の費用が必要となります。

人口減少下のバス・鉄道・航空といった公共交通サービスでも、これと同様のことが起こります。バス・鉄道・飛行機の車両の購入・維持費用や線路・空港の整備・維持費用は、先ほどのレンタカー代と同様に利用者数に関係なくかかる費用です。そのため、利用者数が減少すると一人当たりの費用が増加します。その結果として、一人当たり費用が運賃より大きくなると、交通事業者が赤字になり、運賃の値上げやサービス頻度の減少といった利便性低下につながります。

しかも、この問題はさらに深刻化する可能性があります。レンタカー

4　例えば、2014年のJR北海道・江差線（北海道・木古内 〜 江差）や2012年の長野電鉄・屋代線（長野県・屋代〜須坂）などの鉄道サービスが、利用者数の減少を理由に廃止されています。近年の地方部における公共交通のサービス悪化・廃止のほとんどは、利用者減少が原因となっています。

の例に戻りましょう。一緒に遊びに行くグループが 4 人から 2 人に減ってしまうと、一人当たりの割り勘額が 5,000 円になってしまいました。このとき、2 人とも旅行に行くでしょうか？　この時の対応は、「その人がどれだけ旅行に行きたいと思っているか？」によって異なりますが、「そんなに費用がかかるなら旅行をやめる」という人もいるでしょう。そこで、もし 1 人が旅行をやめてしまったらどうでしょう？　残った人は 1 人で 1 万円全額を支払う必要があるので、さらに「費用が掛かりすぎるので旅行をやめる」と考えやすくなるでしょう。その結果、最終的に「誰も旅行に行かない」ことになりかねません。つまり、グループの人数が減ってしまうと、割り勘額が増加し残った人も旅行を断念してしまう可能性が大きくなります。

　レンタカーでグループの人数が減少するときと同様に、公共交通サービスにおいても、利用者数が減少すると一人当たりのサービス提供費用が高くなります。そして、交通事業者がこの費用増分を運賃に転嫁すると、「そんな高額なら公共交通を使わない」と一部の人が利用をやめてしまいます。この利用者数減少が、さらなる一人当たり費用の増加の原因となり、それがさらなる運賃の値上げを引き起こす、という「悪循環」に陥りかねません。そして、その結果として公共交通サービスがどんどん不便になり、移動しにくい社会になってしまう可能性があります。

経済学の表現を用いたメカニズムの説明

　それでは、このメカニズムを経済学の表現を用いて、もう少しだけ厳密に説明していきます。（図 3）

　公共交通サービスには、利用者数に関係なくかかる費用（専門用語で「固定費用」）が大きいという特徴があります。これは、先ほどの説明でのレンタカー代に相当します。ほかにも、バス・電車・飛行機を購入・維持する費用や、線路・空港を維持する費用は、たとえ利用者数が減ったとしても同じサービスをする限り同じだけかかる費用です。そのため、利用者数が減ると一人当たりの費用（「平均費用」）は大きくなります。

これをグラフ上で表現したものが、図3の細線・平均費用曲線です。このように、横軸に利用者数、縦軸に価格（一人当たり費用）をとったグラフでは、左側にいく（利用者数が少ない）ほど、大きい値をとる（一人当たり費用が大きくなる）曲線となります。

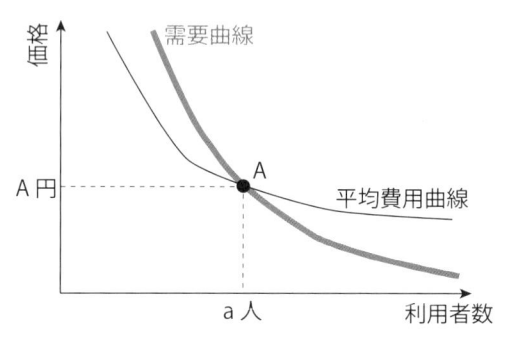

図3　公共交通の平均費用と需要曲線

　次に、運賃変化に対する利用者の反応を考えてみましょう。あなたは、運賃が安ければどのように行動を変えますか？　おそらく、ほとんどの人は運賃が安ければ安いほど、より多くの機会に公共交通を利用するようになるでしょう。このような利用者数と運賃の関係をグラフ上に表示すると、図3の太線のように右下がりの曲線となります（需要曲線）。これは、下にいく（運賃が安くなる）ほど、右の値をとる（利用者数が多い）ことを意味しています。

　ここで、「運賃はかかった費用と同額（平均費用＝運賃）とする」というルールを導入すると[5]、運賃・利用者数は平均費用曲線と需要曲線

5　これは、政府が「利益がゼロになるような運賃設定をしなさい」と交通事業者に規制をかけた場合と言えます。公共サービスでは、民間企業による市場競争だけでは望ましいサービスが提供できないために、実際にも規制制度が設けられるか、あるいは行政自身が運営するといった形で行政の介入が行われています。もちろん、実際の規制はこのような形とは少し異なりますが、ここではこの最もシンプルなルールを用いて説明します。公共サービスにおける政府の役割や規制制度の理論については、「さらに学ぶための文献」で挙げる、公共経済学の教科書を手に取ってみてください。

が交わる点 -A（運賃が A 円、利用者数が a 人）に決定されます。それでは、この状況のもとで人口減少が起こるとどうなるのでしょうか？人口減少が起これば、同じ運賃を設定した時の利用者数が減少することになるため、需要曲線が左側にシフトします。（次頁の図 4）

　このとき、運賃を A 円のまま変更しないとすると、利用者数は a′ 人となります（点 -A′）。しかし、点 -A′ では平均費用が B 円だけかかってしまいます。これは運賃 A 円より高額であるため、交通事業者は、四角形 A′ BQP の面積分だけ赤字となります。（図 4）

　人口減少した後の、平均費用曲線と需要曲線が交わる交点は E となります。この点での利用者数は、a′ 人よりさらに少ない e 人になっています。この分が、利用者が減った分の赤字を補うために運賃が上昇し、そのせいでさらに利用者数が減少し、という「悪循環」の結果に相当します。（図 5）

　ここで、さらに人口減少（需要曲線の左方シフト）が進展すると、なにが起こるのでしょうか？　需要曲線をさらに左方向に移動させた図6 では、平均費用曲線との交点がなくなっています。この場合、つねに平均費用 > 運賃となるので、交通事業者はどのような運賃を設定しても、必ず赤字となります。このような状態で公共交通サービスを存在させるためには、平均費用と運賃の差額分の赤字を埋め合わせるような補助制度が不可欠となります。

　以上のように、人口減少によって公共交通の利用者数が減少すると、運賃の値上げなどのサービスレベルの低下が起こり、それがさらなる利用者数の減少を引き起こすという、「悪循環」に陥ってしまいます。それでは、そもそも、今後の人口減少によって、どれくらい公共交通の利用者数が減少するのでしょうか？　つまり、今後どれだけのペースで需要曲線が左にシフトしていくのでしょうか？　次の節で、人口減少予測と照らし合わせながら、将来の旅行数について簡単に予測してみましょう。

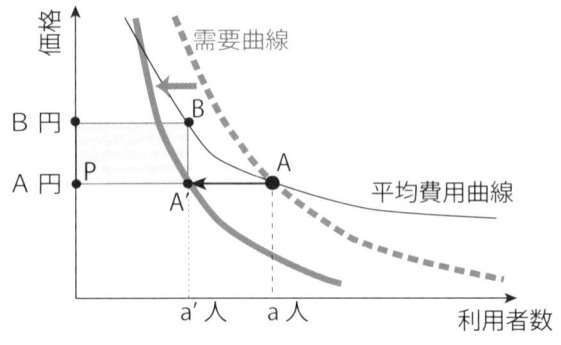

図4　人口減少による影響（その1）

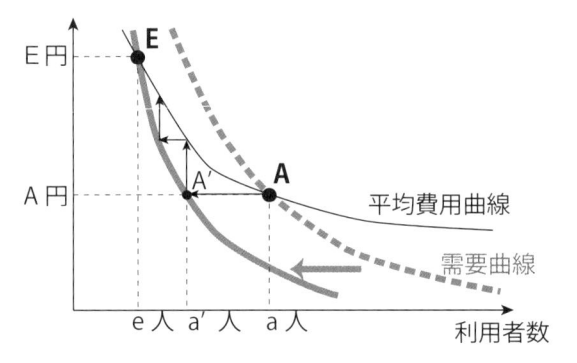

図5　人口減少による影響（その2）

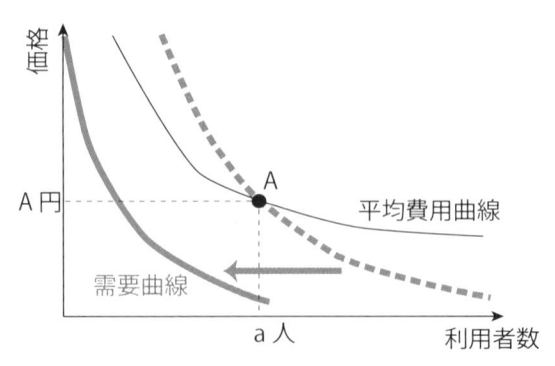

図6　人口減少による影響（より進展したパターン）

4　これから、どれだけ旅行数が減少するか？

日本の国内宿泊観光旅行の動向

　ここでは、「国内宿泊観光旅行」を対象に、将来の旅行数を簡単な方法で予測してみましょう。宿泊観光旅行は、比較的長距離の国内移動を伴うことが多く、航空路線や新幹線、高速バスを利用する主要な目的のうちの一つです。つまり、この旅行数の減少は、航空路線や新幹線などの都市間をつなぐ交通サービスの利用者数減少につながります。ここでは、年齢階層別の人口予測値を用いつつ、今後 50 年間の国内宿泊観光旅行がどう推移するかを考えていきます。

　それでは、まず「国内宿泊旅行がどれだけ行われてきたか」をデータから確認しましょう。総務省統計局による社会生活基本調査では、5 年に 1 度、大規模なアンケート調査[6]を行っており、その中に「過去 1 年間に、1 泊 2 日以上の観光旅行を何回しましたか？」という質問があります。ここでは、その回答結果を使います。

　次頁の図 7 は、1991、2001、2011 年の調査結果に基づいて、各年齢階層の平均的な年間宿泊旅行回数を示したものです。この図から、次の 3 点が読み取れます。

　・平均的な旅行回数は、年間に 1 〜 2 回程度。
　・70 歳を超えると、旅行回数が少なくなる。
　・20 代〜 60 代の旅行回数は、2001 年から 2011 年の間に大きく減少した。

　このデータを踏まえると、高齢者の旅行回数は少ない傾向にあるため、少子高齢化が進むことによって全体の旅行数が減少すると推測できます。さらに、1991 年〜 2011 年の間における新幹線や高速道路整備にもかかわらず、観光旅行回数は増えていない（どちらかというと減少している）

6　2011 年では、約 20 万人を対象にアンケート調査を行っています。

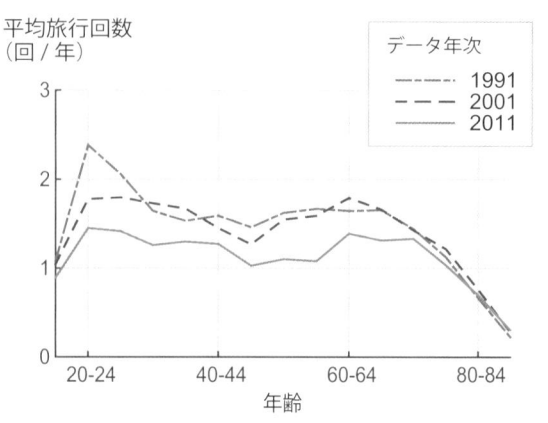

図7　年齢階層ごとの平均年間旅行回数とその推移
（総務省統計局・社会生活基本調査データより作成）

ことからも、近い将来に一人当たりの旅行回数が大幅に増加することも考えにくいでしょう。

日本の人口減少と高齢化予測

　つぎに、どれくらい人口減少と高齢化が予想されるかを確認していきましょう。ここでは、［国立社会保障・人口問題研究所 2012］の中位仮定の人口推計値を用います。図8が、その15歳以上の年齢グループごとの将来推計人口です。

　まず、図8の一番上の太線（15歳以上総人口）を見ましょう。すると、15歳以上人口は2010年ごろまで増加し、1億1,000万人を上限として減少に転じます。そして、それから50年の間に3,000万人も減少し、2060年に8,000万人になると予測されています。

　つぎに、人口構成を見てみると、高齢化がさらに進展することが確認できます。70歳以上の人口は、1990年では約10%に過ぎませんでしたが、2060年には約35%を占めるまでに増加すると予測されています。

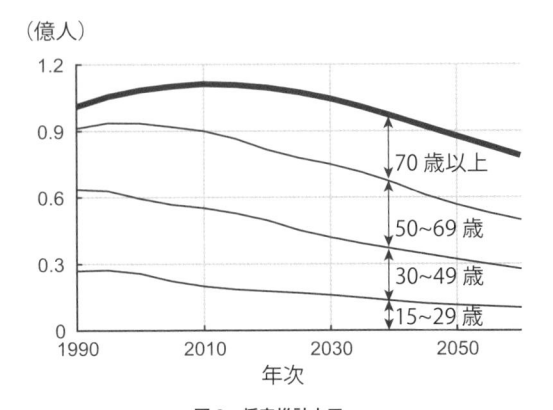

図 8　将来推計人口

（「日本の将来推計人口（平成 24 年推計）」（国立社会保障・人口問題研究所）

（http://www.ipss.go.jp/syoushika/tohkei//newest04/sh2401top.html）をもとに著者作成）

国内宿泊観光旅行数の将来予測

　それでは、図 7 と図 8 の結果から、将来の国内宿泊観光旅行数を簡単に予測してみましょう。ここでは、以下の二つの仮定を置きます。

- ・年齢階層ごとの平均旅行回数は、今後は変わらない（1991 〜 2011 年の平均値）。
- ・人口は図 8 の予測結果に従う。

　このとき、国内観光旅行総数は、年齢階層毎に人口×平均旅行回数から旅行数を算出し、その全年齢分を合算することで算出できます。これは、図 7 で見られた「平均旅行回数の減少」は無視し、人口総数の減少と年齢構成比の変化（高齢化）の二つの変化だけに着目して、予測することを意味します。

　次頁の図 9 は、この予測の結果と、社会生活基本調査より算出した総国内宿泊旅行数の 2011 年までの観測結果を示しています。まず、2010 年までの 20 年分で、予測値と観測値を比較してみましょう。先ほど述べたように、今回の予測では 1991 年から 2011 年までの平均旅行回数の減少

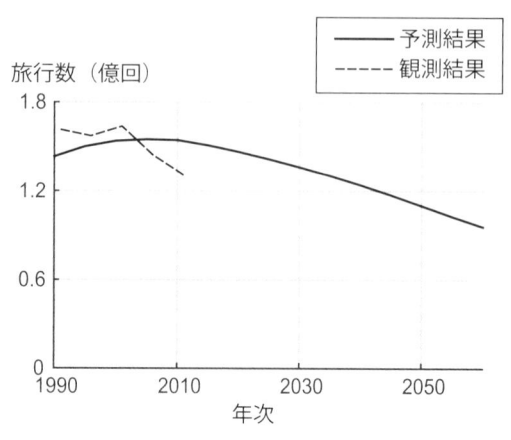

図 9　総国内宿泊観光旅行数の予測結果
（観測結果は社会生活基本調査データより算出）

は無視しています。そのため、予測結果は観測結果に見られる 20 年間での減少傾向を表現できていません。このことから、今回の予測は、近年の減少傾向を無視して、「多めに」予測しているものと考えられます。

　図 9 の「多めな予測結果でも」、今後 50 年では、旅行数が大幅に減少することが予想されています。具体的には、2010 年から 2060 年までの 50 年間に、5,000 万回分の旅行数が減少し、2/3 となってしまいます[7]。

　もし、このペースで公共交通サービスの利用者数が減ると、どうなるのでしょうか？　50 年後に利用者数が 2/3 になってしまうということは、単純に考えると、1.5 倍の運賃を支払わなくては、現在と同じ交通サービスを維持することができないことを意味します。万が一、これほどの運賃値上げが起こると、さらなる利用者数の減少を引き起こし、前の節で説明したような悪循環に陥りかねないことは容易に想像できるでしょう。

　もちろん、公共交通サービスは国内宿泊観光以外の目的でも利用されます。例えば、訪日外国人の旅行は、今後も増加すると予想されて注目

7　なお、「若者の旅行離れ」と呼ばれる世代ごとの違いも考慮して推計した結果［Yamaguchi and Okumura、2015］では、2060 年までの 50 年間で旅行数が半減すると予測されています。

を集めています。しかし、この訪日外国人の数は、過去最高を記録した 2016 年でも 2,400 万人［日本政府観光局、2015］に過ぎません。つまり、図 9 のように予測された 5,000 万人分の減少分を埋め合わせるには、訪日外国人が 50 年の間に現在の 2 倍以上にまで増加する必要があります。やはり、「日本人が減る分は、訪日外国人でカバーすれば大丈夫！」と考えて、2 倍もの増加を前提とすることはリスクが大きく、私たちは「減少」による問題とうまく付き合う方策を検討する必要があると考えています。

5　減少による問題を、どのように解決するか？

供給コストの削減による問題解決

　それでは、この減少によるサービスレベル低下問題に対する解決方策について考えていきましょう。「増加」による混雑問題への解決方策は、「（供給）容量増強」と「需要分散」の二つに大きく分けられました。これと同様に、「減少」によるサービスレベル低下問題への解決方策は、「供給コストの削減」と「需要集中」の二つに大きく分けられます。

　まず、供給コストの削減方策について考えていきましょう。これは、利用者が減少しても、「一人当たりの費用が増加しないように、全体の費用を削減しよう！」という方策です。この方策を、上述したような需要・供給の関係のグラフを用いて説明すると、次頁の図 10 のように、平均費用曲線を下にシフトさせることに相当します。このように、平均費用曲線をシフトさせることができれば、最終的に落ち着く 2 曲線の交点（E）の価格を、A 円のまま維持することができます。

　この供給コストを削減する手段としては、一つ目に利用者数に合わせて供給設備を変更することが挙げられます。例えば、航空路線の利用者数減少に応じて、より全体の供給コストが小さい小型の飛行機に機材を変更することで、「割り勘」による一人当たり費用の増加を回避することができます。同様に、線路の維持などに莫大な固定費用がかかる鉄道

をバスに置き換えることも、運賃・運行頻度の面でサービスレベルを維持する方策といえます。ただし、この場合、「運賃・運行頻度の面で」という部分が重要になります。たとえ、同じ運賃・サービス頻度が確保できたとしても、所要時間や時間的な正確さの面では、鉄道からバスに置き換えることでサービスレベルが低下してしまいます。基本的に、公共交通は多くの利用者が集まって「割り勘」したほうがより良いサービスを提供できる性質を持ちます。そのため、利用者が減少する中で重要なサービスを維持するためには、優先順位の低い部分でのサービスレベル低下を許容することが求められる可能性が高いでしょう。

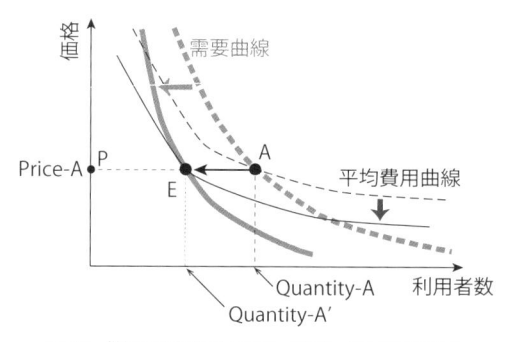

図 10　供給面の対策によるサービスレベル低下の阻止

　二つ目の手段としては、技術革新が挙げられます。エネルギー効率や供給効率の面での技術革新があれば、供給コストを下げることができ利用者数減少による影響を打ち消せる可能性があります。そのため、このような技術革新が日本の公共交通サービスでは求められているといえます。

　そして三つ目の手段として、外部からの補助制度によってサービスレベルを維持する方法が挙げられます。これは、サービスレベルが低下しないように交通事業者の赤字を公的資金で賄うことが相当します。公的資金による直接的な補助だけでなく、鉄道会社等の交通事業者が社内の黒字路線から得られる利潤を用いて他の赤字路線のサービスを維持する（「内部補助」と呼ばれる）施策も行われています。現状は、これらの

補助制度によって多くの公共交通路線のサービスが維持されている状態
です。読者の皆さんのまわりにも、利用者全員が支払う運賃の総額より
サービス提供コストの方が明らかに高い交通サービスが多く存在するの
ではないでしょうか？

　基本的に、このような公的資金を用いて公共交通サービスを維持する
という補助制度自体は、必要とされています[8]。しかし、地方自治体や
政府の限られた財源に加え 4 で示した予想される交通量の減少量を考え
れば、現状の公共交通サービスを限られた税金の中で全て維持し続ける
ことはほとんど不可能です。しかも、この状況は人口減少が進展してど
んどん悪化しより多くの補助金が必要になります。したがって、将来的
な見通しなしに補助制度に頼りきることは、避けるべきでしょう。

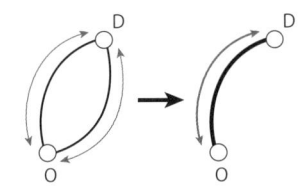

図 11　需要集中による輸送密度の確保（2 都市ネットワーク）

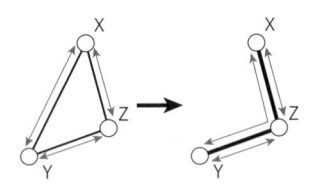

図 12　需要集中による輸送密度の確保（3 都市ネットワーク）

8　公共交通には、サービスが存在していることによる「利用可能性」としての価値があります。この価値は、たとえ普段は利用せず運賃を支払っていなくても、「いざというときに使える」という価値で沿線の人すべてが享受することができます。例えば、普段はバス料金を支払わずにバイクで通勤・通学している人も、バイクの調子が悪いときには運賃を支払って沿線のバスを利用することができます。このような周辺の人すべてが価値を享受できることは、「公共財」の特徴の一つとされています。このような性質を持つ「公共財」では、市場メカニズムは適正なサービスを提供できないため、政府による介入（公的資金を用いた補助金など）が必要とされています。詳しくは、「さらに学ぶための文献」で挙げる、公共経済学の教科書を参照してください。

減少問題に対する需要集中アプローチ

　供給のコストを下げる以外にも、需要面の施策から「利用者数減少を回避する」方策が考えられます。前節で確認したように、今後の人口減少・高齢化を考えると総量として旅行数の減少はほぼ避けられない状況です。しかし、公共交通サービスのネットワーク上で考えると、一部のサービスの維持をあきらめて、他のサービスへ利用者を誘導する（「集中」させる）ことで、部分的には利用者数の減少を回避できます。

　例えば、前頁の図11のような二つの都市を結ぶ公共交通ネットワークで考えてみましょう。ここで利用者減少が問題となってきた場合に、二つある交通サービスのうち片方に利用者を誘導し「集中」させることで、（もう一方のサービスは犠牲になりますが、）一つのサービスの利用者を十分に確保し、サービスレベルの低下を防げるかもしれません。これは、増加による混雑問題で説明した図1（2）の需要分散と真逆の施策といえます。

　また、重複したサービスがない場合でも、この方策が有効である可能性があります。例えば、図12のような交通ネットワークでは、都市X-都市Yの移動者を都市Z経由に誘導することによって、3都市の間での交流を確保しつつX-ZとY-Zの交通サービスに利用者を集中させることができます。これは、交通ネットワーク上で優先順位の高いサービスを「選択」し（図12ではX-ZとY-Zの2路線を選択し）、そのサービスに利用者を「集中」させサービスの維持を図る、という点で「選択と集中」施策といえます。

　なお、この「選択と集中」は、「公共交通の利便性低下」を通じて自動的に進展します。つまり、利用者数が少なくなり利便性低下が起こると、移動者はより便利な経路を利用しようと経路を変更します。その結果として、より便利なサービスに利用者が集中することになります。しかし、そのような市場メカニズムを通じて残る交通サービスが「社会的に望ましい交通サービス」とは限りません。ほとんどの路線が廃止されて途切れ途切れのネットワークになり極端に移動が不便になってしまう

可能性があります。しかも、公共交通では、一度廃止されたサービスを復活するためには、線路などの交通路を整備したうえで新しい車両や航空機を調達するといった莫大な初期投資が必要になります。つまり、一度望ましくない方向に「選択と集中」が進展してしまうと、元に戻すことは非常に困難であるという特徴（不可逆性）があります。そのため、私たちは、あらかじめ将来時点における望ましい交通ネットワークを「計画的に選択」し、補助政策などを通じてその交通ネットワークに誘導することが重要になります。

減少問題に対する解決方策の特徴

　ここまで述べてきた、減少による公共交通の問題とその解決方策の特徴を整理してみましょう。

　まず、人口減少などにより利用者が減少すると、公共交通サービスの性質から、「利便性低下の悪循環」に陥ってしまう問題があることを示しました。日本の人口減少・高齢化を考えると、継続的な利用者減少が予想されるため、この問題は、何も対策をしなければ状況はどんどん悪化していきます。そのことからも、私たちは、「いま」対策を議論しなくてはならない状況にあります。

　次に、解決方法について考えると、供給費用を大きく低下させるような技術革新がなければ、「選択と集中」型の対策を行う必要があります。この「選択と集中」は、一部の路線をあきらめてより重要な交通サービスの維持と利便性向上に注力するという需要面の対策だけでなく、所要時間面でのサービス維持をあきらめてサービス頻度や運賃面でサービスを維持する供給面の対策も含まれます。そして、これらの対策は「減少」に応じて一部のサービスをあきらめ、より優先度の高いサービスを維持するというものであるため、「どのようなサービスの優先度が高いか？」を決定することが必要になります。さらに、公共交通の特徴として、一度廃止されたサービスは元に戻しにくいという「不可逆性」という特徴もあるため、長期的な視点に立って将来の交通サービスの在り方

を決める必要があります。

　このような問題は、公共交通だけで起こる問題ではありません。利用者減少による「悪循環」は、多くの公共サービスに共通で起こりうる問題です。人口減少社会に突入しつつある中で、私たちはこのような減少問題への対策を「いま」考えていかなくてはなりません。

6　本研究が目指す将来の学際的な展開

減少問題は人間の心理にとって苦手!?

　ここまで、主に経済学・土木工学で扱われる方法論を用いて、交通における減少問題と、その解決方策の一つとして「選択と集中」型の対策が必要になることを説明しました。しかし、このような対策は、人間の心理という少し異なる視点で見てみると、意思決定が非常に難しい問題であることがわかります。ここでは、いくつかの行動経済学[9]の研究成果を踏まえて考えてみましょう。

　次の問題は、ダニエル・カーネマン教授の著書［Kahneman、2014］で挙げられている例です。

　　　今日、ジャックとジルはどちらも 500 万ダカット持っています。
　　　昨日、ジャックは 100 万ダカット、ジルは 900 万ダカット持っていました。
　　　今日二人は同じようにしあわせでしょうか？

　通常の経済学における回答は、「同じようにしあわせ」（おなじ「効用」を持っている）です。なぜなら、ジャックとジルは、今日、同じ量の富を持っているからです。これは、経済理論でおかれている「人間は

9　経済学に心理学の知見を取り入れた、新しい学問分野です。ダニエル・カーネマン教授は、不確実な状況下の意思決定モデル「プロスペクト理論」などを経済学に統合した行動経済学分野の業績で、心理学者にして 2002 年のノーベル経済学賞を受賞した研究者です。

合理的かつ利己的で、その好み（選好）は同じである」という仮定に起因しています。

　しかし、多くの読者は、「ジャックはご機嫌で、ジルはしょげている」と想像するのではないでしょうか？　これは、人間が感じるしあわせは、富の量ではなく、「変化」によって決まるからです。つまり、ジルは昨日持っていた 900 万ダカットを基準にして考えるので、今日持っている 500 万ダカットを小さく感じてしまうのです。このことを、交通サービスに当てはめてみましょう。私たちは、現在の状態の交通サービスを、基準に考えることになります。すると、たとえ結果的にそれほど不便になるわけではなくても、ある面で交通の利便性が低下することについて悪く感じてしまいます。その結果、一部の利便性をあきらめるという「選択と集中」に、なかなか同意できない可能性があります。

　そのほかにも、人間は「自分が所有しているモノ」や「近い将来の利益」を過大評価してしまうバイアスを持つとされています。これらは、「ある交通サービスの利用可能性」という現在所有している価値を過大評価し、長期的な展望なしに近い将来の交通利便性の重要さを、過大に評価してしまうことを意味します。その結果として、公的資金による補助政策で交通サービスを維持し続けるという、長期的には非常に不合理な「先延ばし戦略」が支持されてしまいかねません。

　読者の中の多くの方も、夏休みの宿題、レポート、論文を「先延ばし」して、締切ギリギリに大慌てで作成した経験があるのではないでしょうか？　少なくとも、この原稿を書いている私自身は、先延ばししてしまいがちです。しかし、ここで紹介した減少による交通問題では、このような「先延ばし戦略」は非常に危険です。なぜなら、「悪循環」の効果によって、放置している間にどんどん宿題が増えていってしまう問題だからです。では、私たちは、どのようにすれば先延ばしの誘惑を克服しつつ意思決定していけるのでしょうか？　この疑問に答えるためには、私たちは従来の経済学・土木工学といった分野の中だけではなく、心理学（行動経済学）や政治学といった分野で得られている知識・理論

を組み合わせて学際的に考えていく必要があります（この姿勢は「プロローグ」で論じられた（B）に対応します）。

「交通の価値」の探求とその多面性

　交通は私たちの社会生活・文明の基盤としての役割を持つことから、経済・工学以外の様々な分野と密接に関係しています。上述のように、交通における減少問題の解決方法の検討には、心理学で得られた理論が重要な視点を提供してくれました。それ以外にも、人類の歴史・国家の成り立ちの文脈から交通を考えてみると、国家として必要な交通サービス・交通の役割として、異なる「交通の価値・課題」が見えてくる可能性があります。例えば、ローマ帝国は紀元前に数万 km もの道路ネットワークの構築し、高速で軍隊・情報等をやり取りできるようにし、巨大帝国における交通を確保しました。このような交通網の整備が、広範囲に及ぶ巨大国家を構築・維持していくためには必要であり、帝国の範囲も交通条件によって規定されてきた可能性があります。つまり、「国家の安定のために必要な交通レベル・状態はどのようなものか？」といった疑問を、歴史的な事実と交通の関係性を見ていくことによって答えることができる可能性があります。このように、「交通」を理解するには、様々な分野の視点を融合しながら探求する「学際的なアプローチ」が必要になります。

　私自身の研究では、都市間旅行において旅行者が行う、「旅行するかどうか？」「どこに行くか？」「どのルートで行くか？」という選択行動に特に着目して研究を進めています。具体的には、新幹線の開業や格安航空会社の新規参入などの交通条件の変化に対する人間の選択行動を、ランダム行動理論という経済学の理論をベースに理解しようとしています。このような選択行動の理解が進めば、人口減少下で、どのサービスをあきらめ、どのサービスを維持するべきかという意思決定に対して、重要な情報を提供できると考えています。その上で、学際的な知見も取り入れつつ、「交通の本質的な価値とは？」あるいは「どのような交通

サービスが望ましいか？」という交通計画における最大の疑問に対しても、一歩進んだ回答を提示することを目指しています。

　この章では、土木工学・経済学を基礎とする交通の研究者の視点から、交通における人口減少による問題とその解決方策を論じてきました。それでは、あなたの視点からは、減少による交通の問題はどう見えるのでしょうか？　あるいは、「減少の状況下で最低限守るべき交通サービス」、あるいは「交通サービスの本質的な価値」とは何だと思いますか？　ぜひこの機会に「人口減少問題」や「交通問題」について、興味を持ち、一考いただければ幸いです。私自身、これから新しい視点からの考察に巡り合えるのを楽しみにしています。

さらに学ぶための文献

　[1]　ダン・アリエリー著 / 熊谷淳子訳『予想どおりに不合理 ―行動経済学が明かす「あなたがそれを選ぶわけ」―』（ハヤカワ文庫 NF、2013 年）
　　　　我々が何かの意思決定を実施する際に陥ってしまいがちな、不合理な傾向について多くの例を示しながらわかりやすく説明している本です。自分自身の日々の生活での意思決定について考えながら「行動経済学」へ導かれるとともに、ごく身近な生活行動を対象として研究の着想から実験し結果を考察するまでのストーリーも紹介され、大学での研究活動をイメージできる本でもあります。

　[2]　西成活裕著『クルマの渋滞 アリの行列 ―渋滞学が教える「混雑」の真相―』（技術評論社、2007 年）
　　　　本章で取り上げた道路上のクルマによる渋滞だけでなく、スーパーのレジの待ち時間からタイトルにもあるアリの行列まで、「渋滞・混雑」という現象を広くとらえながら、その理論的な面をわかりやすく勉強することができる一冊です。

　[3]　ジョセフ・スティグリッツ著 / 藪下史郎訳『公共経済学 第 2 版（上）』（東洋経済新報社、2003 年）
　　　　経済学の中でも、とくに国や地方自治体などの経済活動を扱う、公共経済学の教科書です。本章で紹介した公共的なサービスにおける経済理論をしっかり理解・学習したい読者向け。

【引用文献】

国土交通省

2007「平成 18 年度道路行政の達成度報告書」

http://www.mlit.go.jp/road/ir/ir-perform/ir- perform.html, last access: 2015/05/14

国土交通省

2013「オートパイロットシステムに関する検討会：オートパイロットシステムの実現に向けて中間とりまとめ」

http://www.mlit.go.jp/road/ir/ir-council/autopilot/pdf/torimatome/honbun.pdf, last access: 2015/05/14

国立社会保障・人口問題研究所

2012「日本の将来推計人口」

http://www.ipss.go.jp/syoushika/tohkei/Mainmenu.asp, last access: 2015/03/20

総務省統計局

2012「平成 23 年度社会生活基本調査」

http://www.stat.go.jp/data/shakai/2011/, last access: 2015/02/28

日本政府観光局

2015「訪日外客数の動向」

http://www.jnto.go.jp/jpn/statistics//visitor_trends/index.html, last access:2017/03/22

Daniel Kahneman, 村井章子（訳）

2014「ファスト＆スロー（上・下）」早川書房

Yamaguchi H. and Okumura M.

2015 Frequency distribution of leisure travel by the Japanese: the past and future. Journal of the Eastern Asia Society for Transportation Studies, Vol.11, pp.566-579.

執筆者紹介

山口　裕通（やまぐち　ひろみち）

金沢大学自然科学研究科特任助教。大阪府出身。初芝富田林高校卒業。2016 年 4 月東北大学大学院工学研究科土木工学専攻博士課程修了。博士（工学）。執筆時、東北大学学際高等研究教育院生。専門は、都市間旅客交通需要の統計分析。

私が現在の研究にたどり着いた経緯は、まずは時刻表・地図を眺めて旅行計画を考えるのが好きで、その興味に従って、なんとなく土木・交通系の研究室を志しました。そして、研究熱心な先生方との議論、さらに東日本大震災時の物資輸送に関する調査研究活動などを通じて、「データ分析を通じて、都市間交通の本質的な価値・役割を探求したい！」との思いを強くし、この研究を続けています。

趣味は、もちろん旅行です。自動車・電車・飛行機で、絶景を見に行くことや、遠くの街でふらふら歩くのが好きです。

第3章
曲面の平面地図を描く
― 擬等角写像とその応用 ―

島内　宏和

1　表面の正角地図

キーワードは擬等角写像

　私は平面地図の作成などにつながる数学の分野である「擬等角写像」の応用などについて研究しています。近年、「擬等角写像」は数学のみならず、医用画像処理や工学などの他の分野にも応用が見出されてきました。本章では、「擬等角写像」というものと、それを用いた複雑な表面の正角地図の作成方法を、数式を用いず直感的に解説します。正角地図の問題と擬等角写像の直感的なイメージを、数学的な厳密さを犠牲にしてできるだけ分かりやすく解説し、その概念を広く知って頂くことが目的です。

脳の灰白質

　突然ではありますが、人間の脳の写真を見たことがあるでしょうか？

　人間の脳の灰白質という部位は、図1のようにとても深い皺（しわ）状になっていて、この皺を伸ばしていくと、新聞紙1枚くらいの面積の

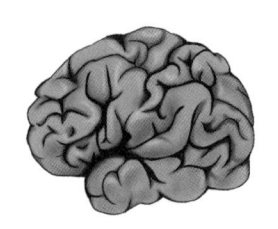

図1　脳の灰白

シートになることが知られています。

　一枚のシートになるということは、その表面の地図を一枚の紙に描けるということになります。このような複雑な表面に対しては、どのような性質を満たす地図が描けるでしょうか？　まずは、地図の種類について振り返りましょう。

地図の種類

　3次元の物体の表面を、2次元の平面上に表現する方法（地図投影法）は、正角図法・正距図法・正積図法の三つに分類されています。

　正角図法では、地球上の交差する道路のなす角度が、対応する地図上でも同じ角度に描かれます。メルカトル図法がよく知られています。正距図法では、ある「特定の地点」から他の地点への距離が正しく比例して描かれます。（ただし、任意の2地点間の距離が正しいわけではないので、注意が必要です。）正距図法としては、正距方位図法が有名です[1]。正積図法とは、地球上の任意の部分で、その面積比が正しく描かれているものです。ランベルト正積方位図法が有名です。

　次節で述べる「穴が開いていない滑らかな表面」については、どんなに複雑な形状であっても、必ずその正角地図を作成できることが知られています。正角地図は古くから航海などに用いられてきました。「Google Maps」や「Yahoo!地図」などのサイトでもメルカトル図法が採用されています。

　地球のような球などの簡単な表面から正角地図の作成は、古くから知られている方法を用いることが出来ますが、上記の脳のような複雑な表面の正角地図の作成はそう簡単にはできません。以下では、「穴が開いていない滑らかな表面」の性質について整理した上で、正角地図の性質をもう少し詳しく見ていきます。

1　ここで、「正距図法」と記しましたが、実は地球のどんなに小さな部分を切り取ってきても「距離の比が保たれた地図」というものは作成することはできません。これは、ガウスの「驚異の定理」の帰結です。（詳細は［6］を参照）

穴の空いていない滑らかな表面

　ここでは、地図を書く対象である物体の表面について整理します。以下では、物体の表面の「穴が空いていない」、「滑らか」な部分を切り取って、その部分の正角地図を作成することを考えます。図 2 は穴の空いていない表面の例であり、図 3 は穴が空いている表面の例です。

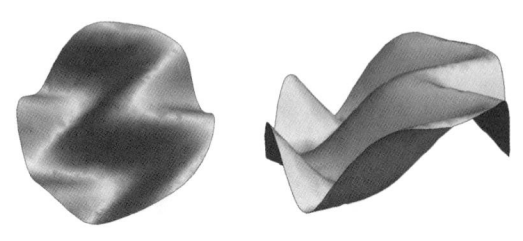

図 2　滑らかな穴の空いていない表面の例

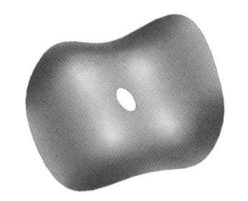

図 3　穴が空いている表面の例

　ここでは、穴の空いていない表面の中でも「滑らか」なものを扱います。「滑らかである」とは、表面のどこにも尖っているところがない、ということです。図 4 は尖った点を含むので、滑らかではない表面の例となっています。

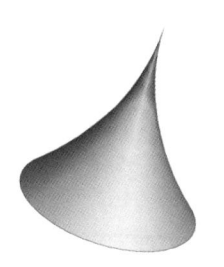

図 4　滑らかでない表面の例

表面に穴が空いている場合は、穴から切れ目を入れて一枚のシートになるように分割することで、穴が空いていない場合と同じように考えることができます。尖っている点がある場合には、その点を除くように滑らかな部分のみを切り出し、各部分の地図を作ることで対応します。物体の表面を、滑らかかつ穴が空いていない表面でつなぎ合わせられていると考え、各部分での地図を作成し、地図帳にまとめる、というわけです。

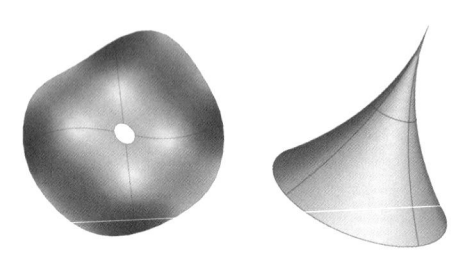

図5　穴の空いていない滑らかな部分に分ける

　「滑らかで」あるという条件を課すと、表面上のすべての点で、そこに接するような平面が存在することがわかります。そのような平面を、対象の点における「接平面」と呼ぶことにします。

図6　滑らかな表面の一点における接平面

穴の空いていない滑らかな表面の正角地図

　穴の空いていない滑らかな表面の正角地図の例として、地球のメルカトル図法で書かれた地図が挙げられます。

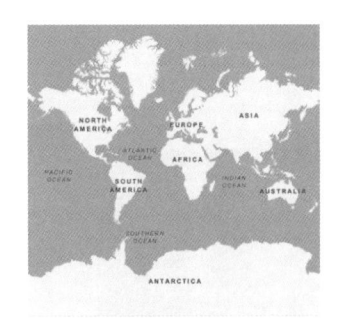

図7　3次元空間内の地球　　図8　メルカトル図法により描かれた世界地図

　正角地図の性質について確認しましょう。地球の緯度線・経度線を考えます。メルカトル図法で描かれた2次元の地図の方では、緯度線と経度線は直交する直線になっています。実際の3次元の球面の地球表面上でも、緯度線と経度線は直行しています[2]。文字通り、角度の保たれた地図になっており、それゆえ「正角」地図と呼ばれるわけです。正角地図の「角度を保つ」という性質によって、その地図上の局所的な（各点のごく近くの）様子がほぼ再現されます。具体的に説明すると、地球上に小さな円があったとすると（例えば駅前のロータリー）、正角地図上でもその円（ロータリー）はほぼ円として描かれている、ということです。

　以下では、どのような穴の空いていない滑らかな表面にも応用できる、正角地図の作成方法を考えていきましょう。

2　擬等角写像を用いた正角地図の作成方法

正角地図作法の概要

　以下では、穴の空いていない滑らかな表面に対し、「擬等角写像」というものを用いてその正角地図が作成できることを概説します。

2　より正確には、緯度線と経度線が交わる点での接平面に着目すると、緯度線が通過するときの方向ベクトルと、経度線が通過するときの方向ベクトルが直交するようになっています。

はじめに、穴が空いていない滑らかな表面を、ゴム膜のようなものと考えて平面に伸ばします（図9を参照）。

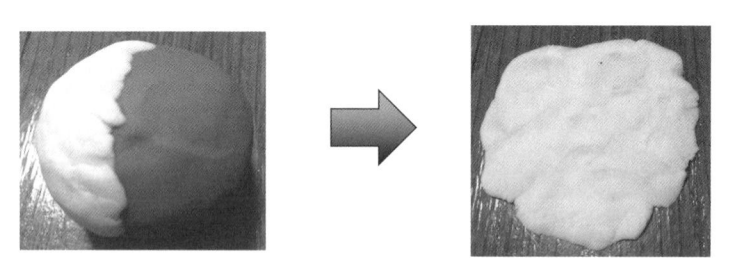

図9　物体の表面をゴム膜のようなものと考えて平面に伸ばす（口絵③）

　重なったり、皺が寄ったり、ちぎれたりしないように伸ばせたとしましょう。このとき、各点で角度は保たれていないことに注意します。ゴム膜の表面上に小さな円を書いておくと、円は楕円に近い形状のものに歪みます。前節の正角地図の性質を思い出せば、この楕円に近い形状のものを円に戻しながら境界を四角形などの形状に変形することができれば、それが対象とする表面の正角地図となります。

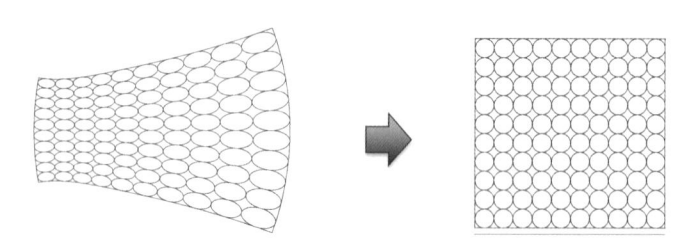

図10　各楕円を円に戻すように変形できれば、正角地図が完成

　つまり、表面を平面上に伸ばし、各点での歪み方を制御しながら境界を整えることで正角地図が作成できる、というわけです。

等角写像と擬等角写像

　正角地図の作成法の鍵となるのが、「擬等角写像」と呼ばれる表面の変形です。ここではまず、平面上の「等角写像」について概説し、その考え方に慣れた後で「擬等角写像」について簡単に説明します。

　平面内の穴の空いていない二つの領域を考えましょう。片方の領域をもう一方の領域に角度を保ちながら変形する変換を、等角写像と呼びます。図 11 は円板の内部の角度を保ちながら変形したものです。変形前の図では円板内の円周と直線はすべて直角に交わっていますが、変形後の領域でもその角度は 90 度となっていることがわかると思います。

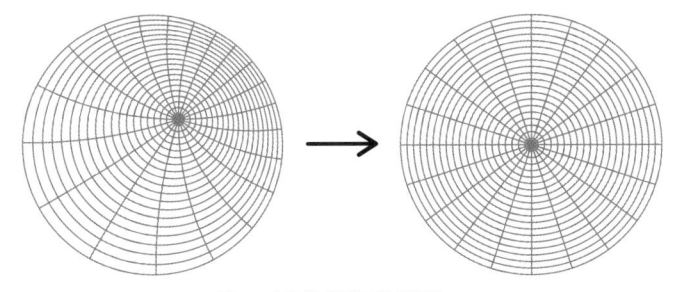

図11　円板を等角写像で変形

　別の見方をすると、等角写像は各点の近くでは、その周辺を拡大・縮小して、回転・平行移動したものと見なせます。次頁の図12は上記の円板内に小さな円を書いておいて等角写像で写したものです。各円の像はほぼ円に写っていることがわかります。つまり、各円は拡大・縮小・回転・平行移動により変形されているのです[3]。

3　ここで、「穴が空いていないどんな二つの平面の間にも、等角写像は存在するのだろうか？」と疑問に思われた方がいるかもしれません。この問いの答えは Yes であり、それを保証するのが「リーマンの写像定理」と呼ばれる定理です。

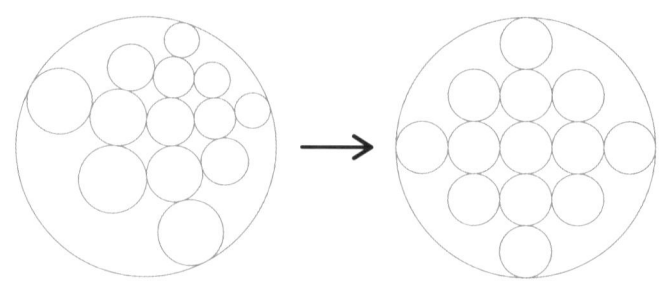

図 12　等角写像は円を円に近いものに写す

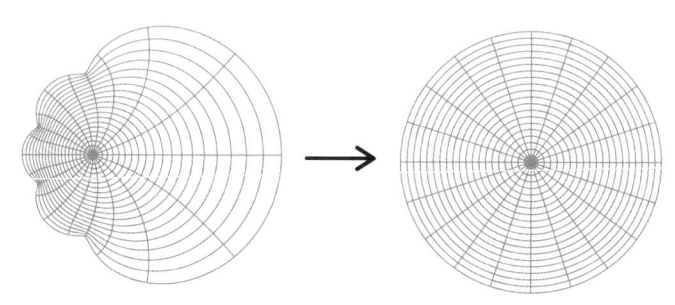

図 13　任意の穴が空いていない領域間に等角写像が存在する

　複雑な平面を地図にする場合、楕円を円に変形する必要があると述べました（図 10）。しかし、拡大・縮小・回転・平行移動だけの等角写像では、楕円は楕円のままで、円にはなりません。そこで登場するのが擬等角写像です。

　擬等角写像について説明します。その名前から等角写像と似た性質を持つのではないかと推測されるかと思いますが、実際に擬等角写像は等角写像を一般化したものとなっています。等角写像は各地点の近くでは円を円に近いものに写していたことを思い出しましょう。擬等角写像は各地点の近くでは円を楕円に近い形状に（あるいは適当な楕円を円に近い形状に）写すようなものです（図 14 を参照）。等角写像は角度を保つような変換でしたが、擬等角写像は角度の変化をある程度許容します。

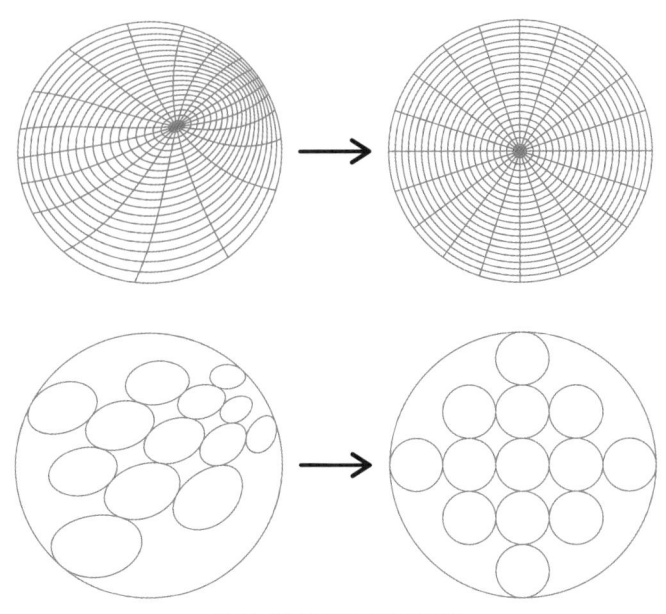

図 14　擬等角写像で円板を変形
上：直行する円周と直線を移すと角度に変化が生じている
下：楕円に近い形状のものが円に近いものに写っている

　円は楕円の一種ですので、等角写像は一種の擬等角写像であることが
わかります。正角地図の作成の際には、平面上で楕円状に写ったものを
円に戻しながら境界を整える、という操作が必要となりました（図 10）。
擬等角写像を用いると、各点での円の潰れ方を見て、それらを円に戻し
つつ、境界を整えることができます[4]。

4　ここで、どんな（穴の空いていない）平面でも等角写像で別の平面に写せると先ほど述べま
　したが、擬等角写像を用いて楕円の描かれた図を別の平面にそれが円に写るように変形す
　ることは出来るでしょうか？　この問いに対する答えはやはり Yes で、その回答を与えるの
　が「可測型リーマンの写像定理」です。「可測型リーマンの写像定理」は、領域上のすべて
　の点の近くで「円の楕円への変形の仕方」を指定しておいたときに、それに対応する変形
　（擬等角写像）が存在することを保証します。なお、本稿では表面の正角地図を扱うため、
　私たちが扱う擬等角写像は表面上すべての点の近くで、円が楕円に写るようなものです。し
　かし、専門用語を使って正確に言うと、一般に擬等角写像は「ほとんど至るところ」でのみ
　各点の近くでは円が楕円に写るような変換です（[4]、[5] などを参照）。

3　擬等角写像のコンピュータでの構成方法

コンピュータ上での計算

　上記で「表面をゴム膜のようなものと考えて、平面に重なったりちぎれたりしないように伸ばす」「楕円を円に変形するように擬等角写像を構成する」と簡単に述べましたが、これらの操作をコンピュータで実現するのはそう容易ではありません。前者・後者とも研究が進められてきていますが、筆者が研究と関わっているのは後者の部分です。

　擬等角写像が存在することは「可測型リーマンの写像定理」により保証されていますが、それをコンピュータ上で計算する方法（数値計算法）については有効な手法が存在しません。いくつかの方法が提案されてきていますが、計算に時間がかかる、計算に誤差が生じやすい、計算結果の正確さに保証がない、などの欠点を抱えています。そのため、擬等角写像を自動的に構成する手続き（アルゴリズム）で、高速かつ精度の高いものが求められています。

Michael Porter 教授との共同研究

　メキシコの国立工科学院高等研究所の R. Michael Porter 教授と筆者は、以下に説明する区分線形写像で擬等角写像を近似することを考えました。線形写像は、大雑把に言ってしまえば直線を直線に写すような変形で、線形写像は三角形を三角形に写し、円を楕円に写します。図 15 のように部分ごとの線形写像の組み合わせで、全体の（連続的な）変換が表現できます。

　擬等角写像は各地点での近くでは円を楕円に写す、すなわち線形写像に近い変形であると思えるので、線形写像をうまく紡ぎ合わせて、擬等角写像を近似しようと私たちは考えました。図 16 は、R. Michael Porter 教授と筆者によるアルゴリズムで生成した、二つの円板間のある擬等角写像を近似する区分線形写像です。

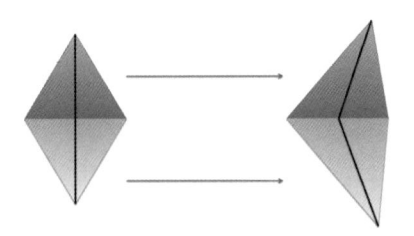

図 15　三角形の境界上でも連続になるように線形写像を構成

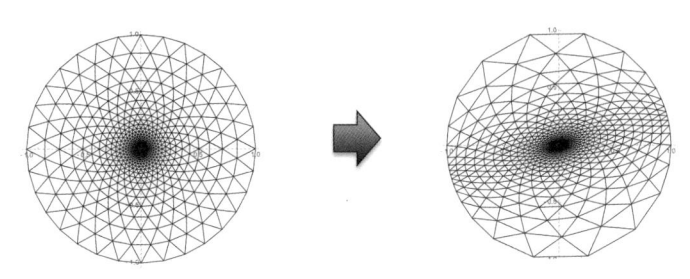

図 16　円板から円板への連続な区分線形写像

　以下に、私たちが構成したアルゴリズムを概説します。まず、区分線形写像と目的の擬等角写像の間の「離れ具合」を定めます。そして、それを最小化する区分線形写像を、擬等角写像の性質に着目して作り、近似解とします。私たちが提案した手法は、メッシュを細かくすれば真の解に近づいていく（厳密に言えば、真の解に広義一様収束する）ことを示しました。また、これまでには計算が難しいとされてきた円の歪みが大きいようないくつかの場合で、良い精度で近似ができることが数値実験により確かめられました。しかしながら、適用できる領域の拡張や計算時間の短縮など、改善すべき点も残っています。擬等角写像の実用的で汎用的な数値計算法は未だ確立されていないという現状であるため、筆者は本内容について今後も研究を進めていきたいと考えています。

4 本研究が目指す将来の学際的な展開

擬等角写像とその周辺

　擬等角写像は 1928 年にグレッチュにより発見され、多数の数学者によりその研究が盛んに進められてきました。そして、20 世紀後半にアールフォルスやベアスらにより整備され、現在でも研究が進められている数学の分野です。擬等角写像は、数学の分野では「タイヒミュラー空間論」や「複素力学系」などの分野で応用されています。「タイヒミュラー空間」とは、擬等角写像とある種の表面のペアを要素とする空間で、物理学における弦理論とも関連しています。「複素力学系」とは、フラクタルと呼ばれる複雑な集合を扱う分野で、擬等角写像はその解析の道具として用いられています。

擬等角写像の展開

　数学以外の分野での応用が見出されたのは、比較的最近になってからです。上記のように、脳の地図作りなど医用画像処理の分野をはじめ、工学分野等への応用研究が活発化してきています。擬等角写像はその定義から様々な分野で自然に現れるので[5]、適用可能な分野はさらに広がっていくことが見込まれます。筆者自身も、擬等角写像の他分野への展開に積極的に関わっていきたいと考えています。また、本稿を読んで、上記以外の他の分野への応用を見出されることがあれば、筆者としては嬉しい限りです。

　ただ、未だ汎用的かつ効率的に擬等角写像をコンピュータ上で計算する方法（数値的構成手法）は存在していません。筆者は、より実用的な擬等角写像の数値的構成手法の構築の研究を続けつつ、医用画像処理など他の分野への応用を目指します。また、他の分野の研究者も容易に使えるようなプログラムを作成して、応用の具体例とともにホームページ

5　数学用語を使うと、微分可能な同相写像を含む広いクラスとなっています。

で公開し、他分野の学会で発表するなどして、擬等角写像について広く
分かりやすく発信して行きたいと考えています（この姿勢は「プロロー
グ」で論じられた（C）に対応すると思います）。

さらに学ぶための文献

　本稿では、高校生や大学初年度の方を対象に、正角地図の作成方法につい
て直感を頼りに大まかな解説を試みました。本稿を読んで、等角写像や擬等
角写像をはじめとする複素解析学周辺の理論に少しでも興味を持って頂ける
ことがあれば、大変嬉しく思います。なお、本稿は厳密さを犠牲にし、数学
を専門としない人へと紹介をするために書かれたものです。本稿の内容を正
確に理解したい場合は、やはり数学書を参照頂く必要があります。

[1]　C. F. Gauss 著『On Conformal Representation』（Dover、D. E. Smith 編
　　　『A Source Book in Mathematics』pp.463-475、1984 年）
　　　擬等角写像を用いて正角地図を用いるアイデアは、等温座標を導入し
　　　たガウスの研究にまで遡ると言えます。この論文が原点にあたると
　　　言っても、過言ではないでしょう。

[2]　 O. Lehto、K. I. Virtanen 著『Quasiconformal Mappings in the Plane』
　　　（Springer、1973 年、2011 年再版）
　　　擬等角写像についての標準的な専門書とされていて、数多くの文献で
　　　引用され続けています。

[3]　今吉洋一、谷口雅彦著『タイヒミュラー空間論』（日本評論社、2004 年）
　　　タイヒミュラー空間論を中心に、擬等角写像の導入がなされています。
　　　タイヒミュラー空間は物理学の弦理論などとも関連しています。

[4]　須川敏幸著『擬等角写像入門』（日本評論社　数学セミナー　498 号
　　　pp.27-33、2003 年）
　　　一般的な擬等角写像の定義と導入については、平易な解説がなされて
　　　います。

[5]　谷口雅彦著『フラクタル曲線についての解析学　—擬等角写像外伝—』
　　　（培風館、2004 年）
　　　自己相似性という不思議な性質をもつフラクタル図形を中心に、泥縄
　　　式に擬等角写像の導入がなされています。

［6］　西川青季著『等長地図はなぜできない ─地図と石鹸膜の数学─』（日本評論社、2014 年）

正角地図の作成についての数学的な記述があります。必要となる予備知識についてもページが割かれており、大変配慮がなされていますので、正角地図の作成に興味を持った読者に推薦します。なお、こちらでも擬等角写像を用いた構成がなされていますが、擬等角写像という言葉は登場せず、「ベルトラミ方程式の同相解」と記されていることに注意しておきます。

【引用文献】

本稿では、画像の作成に以下のソフトウェア Mathematica (www.wolfram.com) を利用しました。

Wolfram Research, Inc.

2014 Mathematica, Version 10.0, Champaign, IL.

Graphics produced using Wolfram Language in Mathematica (www.wolfram.com).

執筆者紹介

島内　宏和（しまうち　ひろかず）

公益財団法人 東京財団政策研究所 政策データラボ データ・サイエンティスト。初稿
執筆開始時、東北大学学際高等研究教育院生。2015 年 3 月東北大学大学院情報科学研
究科博士後期課程修了、博士（情報科学）。山梨英和大学人間文化学部人間文化学科
助教 兼 東京工業大学理学院特別研究員を経て、2018 年 9 月より現職。
これまで、医用画像処理などに応用がある擬等角写像の数値的構成手法の研究をは
じめ、Loewner 流の数値計算法の研究、複素力学系理論の計算機援用研究、心理学分
野への統計的機械学習の応用研究など、情報科学と数学を軸とした学際的な研究を
展開。日本数学会会員、電子情報通信学会会員、American Political Science Association
準会員。

第4章

歴史から展望する農業の未来
― 微生物を利用した持続可能な農業を目指して ―

小西　範幸

1　文明を支える農業

衣食足りて栄辱を知る

　中国の「菅氏」という書物に「倉廩（そうりん）満ちて礼節を知り、衣食足りて栄辱（えいじょく）を知る」という言葉があります。人は物質的に不自由でなくなって、初めて礼儀に心を向ける余裕ができる、という意味の故事です。この故事の通り、食べることは人間が人間らしく生きていくために不可欠です。きっと読者の皆さんにも似たような経験があると思いますが、私自身、お腹が空けばイライラしてしまいます。「お腹が空く」程度であれば、コンビニでパンでも買って食べればいいわけですが、明日の食事に事欠くような状況が続けばそのストレスは計り知れません。

　思い返せば、東日本大震災直後の仙台では、「食べ物を確保しなくては」という危機感を多くの人が持っていました。仙台市の沿岸部は津波で何もかもめちゃくちゃでしたが、私の住んでいた市街部では、都市ガスや電気、水道が止まりはしたものの、倒壊した建物はほとんどなく、命にかかわるような被害はまれでした。2018年の現在から見れば、倒壊していなくても日常の生活が送れないほどの損壊によって転居を余儀なくされたり、原発事故などによって大きな被害があったわけなのですが、地震の直後の数日間にはそういう未来の不安を考える余裕はあまりありませんでした。それでも、物資の輸送が目に見えて滞り、この状態がいつ復旧するのかがまったくわからない不安がありました。そんな中

で、私たちにとって食べ物を確保することは一つの大きな関心事でした。スーパーはもとより、近所の小さな八百屋や米屋にも行列ができました。地震から1週間ほどすると電気や水道も徐々に使えるようになり、営業を再開している飲食店もちらほら見受けられるようになりました。それらの飲食店の賑わいたるや平時のそれとは比べ物にならないものでした。それまではまったく意識することがありませんでしたが、この経験は食べ物があって当たり前の社会のありがたみを私に教えてくれたのです。

　現代の日本において、私たちは飢餓と無縁の生活を送っています。たとえば、本州で梅雨明けが発表されなかった1993年には、低温と日照不足でコメの生産量が大幅に低下しました。平成の米騒動と呼ばれ、米価の高騰やコメの輸入などが起こったのですが、結局この大冷害が原因で餓死した人はいませんでした。終戦直後を除けば、現代の日本で飢餓を経験した世代はなく、私たちはずっと食糧が保障された世界で生きてきたといえます。しかしながら、人類の歴史を振り返ってみると食糧が保障された時代はごくごくわずかだといえます。

　現代の私たちは、農業や畜産、漁業、狩猟などを通じて食糧を得ています。農業や畜産は人間が計画的に食糧を生産する方法であるのに対し、養殖を除く大部分の水産業や狩猟は安定して食糧を供給するのが難しいという特徴があります。そのため、農業と畜産は現代社会における食糧生産の中心的な役割を担っています。さらに、畜産で用いられる飼料の多くは農業生産に由来していることから、人類の食糧生産の根幹をなすのは農業であるといえます。では、この農業は、いつ、どこで、どのように生まれたのでしょうか。そして、農業の発展は人類の活動にどのような影響を与えてきたのでしょうか。

農業と文明の始まり

　農耕と呼ばれる初期的な農業は、今から1万1000年ほど前の西アジアで始まったと考えられています［梅原, 安田（編）、1995］。このころは、ヤンガー・ドリアスの寒冷期と呼ばれる時期で、地球の気温が短期

間で大きく低下しました。気温の低下は急激な気候変動を引き起こし、人々は狩猟や採取によるそれまでの生活を維持できなくなってしまいました。そこで、苦肉の策として、採取していた植物を栽培し、狩猟の対象であった動物を飼育し始めました。これが、農耕と牧畜の始まりです。その結果、人々はそれまでの狩猟採取の生活よりも安定して食糧を手に入れられるようになりました。安定した食糧生産は、人口の増加を促します。農耕を始めたころは数家族単位であった人々の集団は、やがて都市国家と呼ばれる国を形成するほど大きくなりました。農耕と牧畜の発達によって労働人口以上の食糧を生産できるようになると、集団における人間関係はより複雑になっていきました。人々を束ねる指導者が現れ、政治が生まれました。意志の疎通や記録のために文字が生み出され、世の中のさまざまな事象を解釈しようと哲学や芸術が興りました。つまり、文明が興ったのです。メソポタミアやエジプト、インダス、黄河などの古代文明の興った場所が、大河に隣接した肥沃な農地を有していたのは決して偶然ではありません。肥沃な大地が初期の農業、初期の文明にとって決定的に優位であったのです。農業的に豊かな土地では、より多くの人々が文化的な活動に従事できるようになりました。その結果として、人間らしい文明が花開くことになったのです。

　現在を生きる私たちにとっても、文明的な生活の基盤が農業による食糧生産であるという構図はまったく変わっていません。十分な食糧こそが、平和で安定した社会の礎なのです。

2　農業の発展と科学

人口爆発を支える現代農業

　農耕が始まって1万1000年の間に人類は目覚ましい進歩をとげました。この間、農業も大きく進歩し、70億を超える人々を養えるようになりました。世界人口の推移をみると、産業革命以降の200年で飛躍的に人口が増加しているのが見てとれます（図1）。この200年で農業生産が

飛躍的に向上したのです。農耕の開始からその後の緩やかな人口増加は、農地の拡大、作物育種や栽培法の改良の結果であったわけですが、これらは「改良」に過ぎませんでした。この 200 年間で農業には大きな「革命」が起こったのです。この革命を先導したのは科学でした。現代の私たちの生活を語るのに科学の進歩が不可欠であるように、農業もまた科学の恩恵を考慮せずに語るわけにはいかないのです。

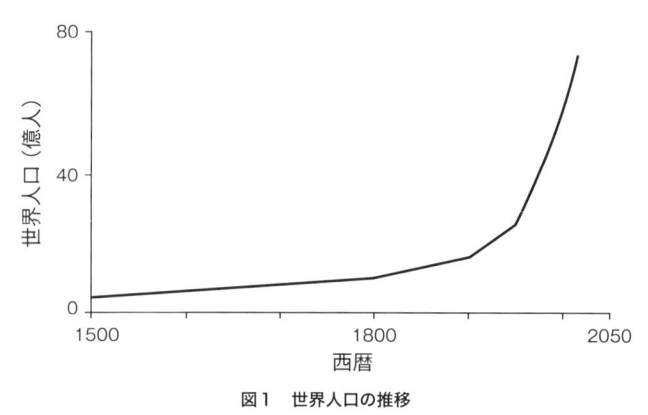

図1　世界人口の推移
(O'Brien., 2002、及び、UN., 2013, World Population Prospects のデータから作成)

農学の始まりとテーアの腐植栄養説

　農業や作物についての考察は古くから行われ、世界各地の文献に農業についての記述があります。どんな植物をいつどのように育てたらよいのか、古今東西多くの人々がそのノウハウを記述してきました。そんな中、植物は何を栄養とするのかという課題は古くからの関心事でした。1761 年、スウェーデンの化学者ワーレリウスは、農家が経験的に行っていた家畜の排泄物や動植物の死骸の投入にヒントを得て、有機物が植物の栄養となるという腐植栄養説を提唱しました［小野、2008］。農地への有機物の投入は紀元前 3000 − 2000 年ごろには始まっていたと考えられており、この腐植栄養説は人々の経験に基づいた学説であったといえます。

　ドイツの科学者テーアは、この腐植栄養説を中心に据えて『合理的農業の原理』という本をまとめました。この『合理的農業の原理』は農業経済、土壌学、肥料、土地改良、作物栽培、畜産の農業全体を初めて体系化した本であり、現代農学の始祖といえる名著です。イギリスで産業革命が興り、旧態然としていた農業においても資本主義的な変革が求められていた中で、テーアは農業を経済活動の一つとして位置づけ、短期的にも、長期的にも最も高い生産性が見込まれる「合理的な農業」を行う必要性を説きました［熊澤、2008］。テーアは、自身の経営する農地や各地の農地をめぐり、土壌の性質や農法が作物の生産とどのように関わるかを丁寧に観察し、その結果、生産性の高い農地では、土壌の性質に関わらず、十分な量の家畜の排泄物を肥料として投入していることを見出しました。テーアは、家畜の排泄物に含まれる腐植と呼ばれる有機物が農地の生産性の維持に有用であると考えたのです。そして、作物によって奪い取られた農地の栄養分を家畜の排泄物の投入によって補う合理的な農業方法をあみだしました。

　テーアは腐植を、その実態はわからないものの、農地の肥沃度を量的に表す概念として定義しました。農地に含まれる腐植の量は作物の生産によって減少し、肥料の投入によって増加します。テーアのおかげで、作物による腐植の減少量や肥料の投入による腐植の増加量を数値化することができるようになりました。このことは、それまで経験的になんとなく行っていた農業を定量的に考察することを可能にしました。

　余談ですが、同時期の日本の農家はテーアのいう合理的な農業をすでに実践していました。日本では、ヨーロッパに比べて家畜が少ないため、家畜の排泄物ではなく人の排泄物が主な肥料として利用されていました[1]。世界有数の大都市であった江戸では、日々大量の排泄物が出ていました。当時の江戸には、長屋で汲み取った排泄物を農家へ転売する汚穢屋（おわいや）と呼ばれる職業があり、排泄物のほとんどは肥料と

1　菜種油や魚油の製造過程で出るしぼりかす、落ち葉なども肥料として用いられていました。

して近隣農家に売られていました。この排泄物は、長屋の大家の重要な収入源となるほど高値で取引されていました［NPO日本下水文化研究会, 屎尿研究分科会（編）、2003］。当時の日本の農家が少なくない金額を支払ってでも排泄物を購入したのは、作物の生産性の向上に排泄物の投入が必要だということを経験的に知っていたからに他なりません。ちなみに、ヨーロッパにおいては人糞の農業利用は限定的でした［NPO日本下水文化研究会, 屎尿研究分科会（編）、2003］。当時のロンドンでは人糞を垂れ流しにしたため、テムズ川の水質汚染が問題になっていましたが、江戸ではそのような問題はなく、東京湾の水質が非常に良かったことが知られています。間接的ではありますが、人糞の農業利用が寿司をはじめとした多彩な江戸前の食文化の発展に大きく貢献していたのです。人の排泄物の農業利用は寄生虫の感染源となるなどの問題はあるものの、物質循環やテーアの腐植栄養説の観点から考えると非常に合理的なシステムであったといえます。

テーアの合理的農業の限界

　産業革命を目の当たりにしたテーアは、工業の発展に不可欠であった以下の2点が農業の発展にも不可欠だと考えていました。一つは、よい材料がよい製品を生むということです。当時の多くの人々は、土壌は作物の土台でしかないと考えていましたが、テーアは農業における土壌は工業における材料と同じであると考えていました［熊澤、2008］。つまり、高性能な車を作るには上質な部品が必要であるように、農業生産を向上するには多くの腐植を投入した上質な土壌が必要だということです。もう一つは、資本主義です。テーアは、農業の体制が中世の封建主義から競争原理に従う資本主義に移行することで、農業も工業と同じように発展できると考えていました。しかしながら、資本主義は農業にとって良い結果を生みませんでした。資本主義の発展にともなう商品流通の増大によって、個々の農家は生き残りのために短期的な利益を追求せざるを得なくなり、長期間における計画的な農業生産が許されなくなってしま

いました [熊澤、2008]。テーアは長期的に高い農業生産を維持するために土壌の栄養量の維持の重要性を訴えたのですが、多くの農家は目先の利益を追い求めるあまり、土壌の栄養量以上の作物を作付けしました。その結果、土壌の栄養分を維持できなくなり、長期的にみると農業生産が低下してしまったのです。農業への資本主義の導入は、農地をさらに疲弊させることになってしまいました。

　テーアの合理的な農業では、農地の生産性を規定する実態不明の腐植を家畜の排泄物に頼るしかありませんでした。腐植をたくさん投入しようにも、家畜の排泄物は飼料の量によって規定されるため、その増産は容易ではなかったのです。テーアの腐植栄養説は、経験的に導き出されたものであって植物生理学的な研究から科学的に導き出されたのものではなかったため、植物が何を栄養とするのかについての本質は不明なままでした。このような状況で、農業を資本主義的なものとして位置付けたとすれば、その材料である農地の疲弊は当然の結果であったといえます。

リービッヒの無機栄養説

　植物栄養としての腐植の限界が露呈しつつあったときに、ドイツの科学者リービッヒは化学の視点から植物の栄養が何かを考察しました。リービッヒは、1840 年に『化学の農業及び生理学への応用』を著し、その中で植物にとっての栄養は有機物ではなく無機物であり、農地への無機物の投入によって土壌栄養の完全な回復が可能であるという無機栄養説を唱えました [吉田（訳）、1986]。この本は、当時の植物科学の分野で大論争を巻き起しました。そして、その後第 9 版まで版を重ね、植物科学の発展に多大な貢献をすることになりました。

　リービッヒはもともと著名な有機化学者でした。彼の有機化学における功績には目を見張るものがあります。たとえば、官能基や異性体の概念を最初に提唱したのはリービッヒでしたし、リービッヒ冷却器などの器具はいまだに現役の実験器具として利用されています。彼が中心となって創刊した化学論文誌「Annalen der Pharmacie」は、現在では

「European Journal of Organic Chemistry」と名前を変えたものの、有機化学の発展に貢献し続けています。リービッヒは、このような化学者として側面を持つと同時に、少年期にヨーロッパ大飢饉（1816 - 1817 年）を経験していたことから、農業に対しても強い関心を持っていました。

　そんなリービッヒが、『化学の農業及び生理学への応用』を著し、化学の世界から農学の世界に一石を投じたのでした。この本は、リービッヒ自身による実験は含まれておらず、農学の先行研究を化学の観点から再評価するという性質の本でした。三沢［1951］を引用して、リービッヒの考えのもととなった先行研究を以下に示します。スイスの化学者ソーシュールは、1804 年に種々の無機塩類が植物の生育にとって必要であるとの実験結果を得ました。この結果を受けてイギリスの科学者デイヴィは、植物にとっての無機塩は、動物における骨の原料のようなものかもしれないと述べています。さらにドイツの農芸化学者シュプレンゲルは、無機塩が植物の栄養として不可欠であることを見出し、炭素、酸素、水素、窒素の有機物構成要素と硫黄、リン、塩素、カリウム、マグネシウム、石灰、ナトリウム、アルミニウム、ケイ素、鉄、マンガンが植物の生育に必要であることを明らかにしています。加えて、シュプリンゲルは植物の要求量に対して最も少ない栄養素が植物の生育を制限するという、いまでは「リービッヒの最小律」といわれる法則をすでに考察していました。リービッヒは、これらの先行研究をつなぎ合わせ、経験にとらわれて植物栄養の本質を見誤っていた当時の農学の世界に化学の視点から新しい風を吹き込んだのです。

植物栄養における窒素の重要性

　腐植栄養説と無機栄養説をめぐる大論争は、無機塩だけを含む栄養液で植物が正常に生育するという実験結果によって、無機栄養説が正しいと結論づけられました。現在では、17 種類の必須元素（炭素、酸素、水素、窒素、リン、カリウム、カルシウム、マグネシウム、硫黄、鉄、マンガン、銅、亜鉛、モリブデン、ホウ素、塩素、ニッケル）とケイ素や

ナトリウムなどの有用元素が植物の健全な生育に不可欠であることが分かっています。これらの必須元素のうち、炭素は大気中の二酸化炭素に、酸素と水素は水に由来し、その他の元素は土壌成分に由来しています。図 2 を見ると、土壌成分に由来する無機元素の中では、植物体内での窒素（N）の存在量がずば抜けて多いことが分かります。窒素は、タンパク質や核酸、クロロフィルなどの主要な構成成分であるため、他の土壌由来の栄養素よりも多量に必要なのです。

無機元素	含有量 (mg/kg 乾物重)
窒素 N	15000
カリウム K	10000
カルシウム Ca	5000
リン P, マグネシウム Mg	2000
硫黄 S	1000
鉄 Fe, 塩素 Cl	100
マンガン Mn	50
ホウ素 B, 亜鉛 Zn	20
銅 Cu	6
モリブデン Mo	0.1
ニッケル Ni	0.1

図 2　植物に含まれる土壌由来の無機元素の量
(Marschner., 2012 をもとに作成)

　植物は大気中の窒素ガス（N_2）を直接利用できないため、土壌中の水に含まれるアンモニウム（NH_4^+）や硝酸イオン（NO_3^-）を主な窒素源として利用します。しかし、土壌中にある窒素は、高い農業生産を目指すうえで十分だとは言えません。これには土壌中での窒素の形態とその性質が関わっています。農地の窒素は様々な経路を経て、流出してしまうのです（次頁の図 3）。畑のように土の中にたくさん酸素が含まれている土壌では、アンモニウムは硝化細菌と呼ばれる一群の土壌微生物によって酸化され、ほとんどが硝酸の状態の窒素に変えられてしまいます（このことを硝化と呼びます）。硝酸イオンは土粒子と同じ負の電荷をもつため、土粒子に吸着しづらく、水とともに容易に土壌から流出

してしまいます。一方、水田や湿地のような水で覆われた土壌では、表層の土壌以外はほとんど酸素が含まれていません。このような土壌では、微生物による酸化がわずかにしか起こらないため、アンモニウムの状態の窒素が主要な窒素形態として存在します。アンモニウムは正の電荷をもつので、負の電荷を持つ土粒子との親和性が高く、硝酸と比べると土壌から流出しにくい性質を持っています。ただ、このような酸素の少ない土壌においても、比較的酸素の多い表層部でアンモニウムが酸化されて硝酸が発生します。この硝酸は下層の酸素の少ない土壌にしみ込み、脱窒細菌と呼ばれる一群の微生物の呼吸気質として利用されます。その結果、硝酸は窒素ガスや一酸化窒素（NO）、一酸化二窒素（N_2O）に代謝されて大気中に放出されます。また、乾燥した土壌では、アンモニウムはアンモニア（NH_3）として揮発し、大気中に放出されます。このような経路を経て、土壌中の窒素は河川や大気中に流出してしまいます。その結果として、多くの土壌で窒素の不足は作物の生産性を制限する要因となっています。

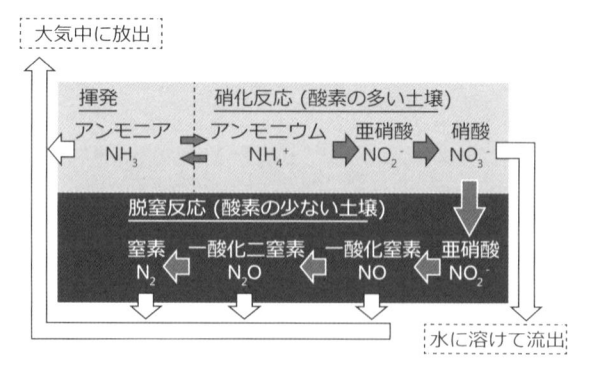

図3　土壌から窒素が流出する仕組み

　ちなみにタンパク質や核酸は動物の主要構成成分でもあり、排泄物中の有機物にもたくさん窒素が含まれています。腐植の投入が植物の生育を促進したのは、排泄物に多くの窒素が含まれていたからなのです。植

物は、アミノ酸やペプチドなどの窒素を含む有機物を根から吸収して利用することができますが、その吸収能力はアンモニウムや硝酸などの無機化合物を吸収する能力と比べるとそれほど高くありません。そのため、土壌に投入された有機物の多くは、土壌微生物によって、ひとまず無機態のアンモニウムや硝酸に分解されてから植物に利用されると考えられています。

工場で窒素肥料を作るハーバー・ボッシュ法

　無機栄養説をめぐる論争の中で、農地へのアンモニウム塩や硝酸塩などの無機態窒素の投入が農業生産の向上に有用であることが実験的に証明されましたが、無機態窒素を農地に投入することは容易ではありませんでした。窒素肥料となりうるアンモニウム塩や硝酸塩は大量に手に入るものではなかったのです。1800 年代初頭には、ペルーで採掘されたグアノと呼ばれる鳥類の死骸や糞などの化石が窒素肥料として利用されていました。グアノをほとんど掘り尽くした後には、チリで産出される硝石（硝酸カリウムや硝酸ナトリウムの結晶）やコークス生成の副産物である硫酸アンモニウムが窒素肥料として利用されました。しかし、硝石や石炭もグアノと同じ鉱物資源であることから、早晩掘り尽くしてしまうのは目に見えていました。さらに、硝石は火薬の原料でもあり、ただでさえ少ない資源を軍事産業と農業が取り合う形になっていたのです。このような状況で、無機栄養説に基づく窒素肥料の投入を継続的に行うのは不可能でした。

　1800 年代から、農業においても、軍事においてもアンモニウムや硝酸の供給が大きな問題となっていました。当時の多くの科学者が、大気の約 80% を占める窒素ガスから人工的にアンモニアや硝酸を合成しようと試みます（窒素ガスからアンモニアや硝酸を合成することを窒素固定といいます）。この課題には多くの困難があったのですが、1907 年にドイツの科学者ハーバーが大気中の窒素ガスと石炭由来の水素からアンモニアを合成することに成功しました。1911 年、ハーバーはボッシュ

とともに、このアンモニア合成法を工業化しました。この方法は「ハーバー・ボッシュ法」と呼ばれるアンモニアの工業的な合成方法として、現在でも世界中で利用されています。ハーバー・ボッシュ法は、磁鉄鉱（Fe_3O_4）に K_2O や Al_2O_3、CaO を促進剤として加えた合金を触媒とし、大気中の窒素と天然ガスなどの化石燃料に由来する水素ガスを高温・高圧条件（500 〜 600℃、200 〜 500 気圧）で反応させることによってアンモニアを得る方法です。この方法を実用化できたことで、燃料さえあれば、いくらでも窒素肥料を作り出すことが可能になりました。その結果、それまで限られた作物しか栽培できなかったやせた農地においても、コムギなどの穀類を栽培することが可能になりました。ハーバー・ボッシュ法によって作り出された窒素肥料の投入は、作物の吸収によって減少した土壌栄養を補うのみならず、さらに多くの栄養を農地に供給することを可能にしたのです。実際、国連食糧農業機関（FAO）の統計によると、窒素肥料の消費量と穀物の生産量には強い正の相関がみられています（図 4）。この人工的な窒素固定法を発明したことから、ハーバーは 1918 年にノーベル化学賞を受賞しました。

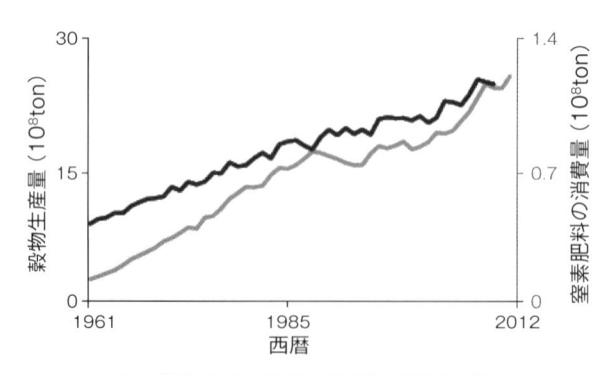

図 4　世界の穀物生産量と窒素肥料の消費量の推移
(FAO., 2013, Statistical Yearbook 2013 をもとに作成)

多量の窒素肥料に適した作物の育種

　ハーバー・ボッシュ法の発明は、農業生産を大幅に増加させた一方、

農業上の新たな課題を引き起こしました。当時のイネやコムギの品種は、一定以上の窒素肥料を与えると、背丈が伸びすぎ、風や雨で容易に倒れてしまいました。実りかけのコメやコムギが倒れると収量や品質が大きく低下してしまいます。そのため、窒素肥料を投入しても、ある程度以上になると収量が増加しなくなっていたのです。そこで、多量の窒素肥料を与えても、倒れにくい品種の作出が行われました。その結果、世界の主要な作物であるコメとコムギにおいて、ほぼ同時期に背丈の低い品種が作られました。これらの品種は、背丈が短くなったことで穂の重みに対する耐性が増しました。そのため、窒素肥料をたくさん与えてたわわに実っても、雨や風で倒れにくくなり、収量の低下を防げるようになりました。さらに、この背丈の低い品種は背丈の伸長に用いていた栄養分を穂の生長に回すという性質を持っており、より効率よく食糧生産をできるようになりました。

　このような背丈の低いイネやコムギの導入は、「緑の革命」と呼ばれています。1940 年代から 1960 年代にかけて行われた緑の革命によって、より多くの窒素肥料を農地に投入することが可能になり、農業生産は飛躍的に向上しました。緑の革命は、品種改良の大きな功績といえるとともに、いかに窒素を利用するかが、農業生産において重要な課題であることを改めて世に示したといえます。

　テーアやリービッヒによる植物栄養学に始まり、工業や育種の革新を経て、農業は 70 億を超える人々を養いうるまでに発展しました。科学の進歩が、200 年前にわずか 10 億人しか養えなかった農業をここまで劇的に発展させたのです。

3　農業と環境問題

環境を破壊する農業

　これまで農業の発展、言わば正の側面を紹介してきましたが、農業は環境に対して大きな負担であるという負の側面も持ち合わせています。

先史時代における農耕でさえ、環境にとっては少なくない負担でした。農耕によって増加した人口を養うには、より多く食糧や燃料が必要となりました。人々は、近隣の森を切り拓き、農地を拡大し、伐採した木々を燃料や建材として利用しました。森林が減ると蒸散量が減るために一帯の雨量が減少します。最初に農耕が始まった西アジアが現在では乾燥地帯であるのは、農耕を含む人類の営みが環境を改変した結果なのです。さらに、農耕によって発達した文明は、自分勝手に環境を破壊し始めます。紀元前 2600 年ごろ、メソポタミアの初期の都市国家シュメールには、ギルガメッシュという王がいました。「ギルガメッシュ叙事詩」として知られる彼を題材にした神話には、直接的に森林破壊が描かれています [矢島（訳）、1998]。ギルガメッシュが王位について、最初に行ったのが森の神フンババの討伐でした。ギルガメッシュは悪戦苦闘の末、フンババを殺し、森の木々を切り出す権利を神から強奪したのです。この森というのは、地中海東岸の山々を覆っていたレバノン杉の森を指します。レバノン国旗にもあしらわれているレバノン杉は高さ 40 メートル程度になるマツ科の巨木です。古代においては中近東一帯に広く分布していたこのレバノン杉は、香りのよい良質な材質を有しており、宮殿の建材や船材として大量に切り出されました。その結果、現在では、小さな森を数カ所に残すのみとなってしまいました。かつて山々を覆っていたレバノン杉の森は失われてしまったのです。農業は、その黎明期においてさえ、直接、あるいは文明の発達を介して間接に環境破壊に加担してきました。

窒素肥料が引き起こす環境問題

　科学の進歩に伴って発展してきた現代の農業は、さらに大きな負担を環境にかけています。たとえば、ハーバー・ボッシュ法は、高温・高圧条件を作り出すために多量の化石燃料由来のエネルギーを必要とします。現在、地球上で消費されるエネルギーの約 2% がハーバー・ボッシュ法によるアンモニアの合成に費やされていると見積もられています [干鯛、

2014]。合成されたアンモニアのうち約 80%（残りの 20%は火薬や化学製品に用いられます）、つまり世界で消費されるエネルギーの約 1.6%が窒素肥料の合成に費やされているのです。1.6%というとわずかだと思うかもしれませんが、この量は日本で 1 年間に消費されるエネルギーのおよそ半分に相当します。つまり、私たちはものすごく多くのエネルギーを窒素肥料の合成に用いているのです[2]。

　こうして多大なエネルギーを消費して合成した窒素肥料の実に半分以上は、作物に吸収されることなく農地から流出してしまいます。この流出した窒素も環境に対して大きな負担となっています。降雨などに伴って水とともに流出した窒素は河川や地下水に流れ込み、水質汚染を引き起こす原因となります。毎年、環境省が行っている湖沼の水質調査の結果（http://www.env.go.jp/water/suiiki/index.html）をみると、印旛沼（千葉）、伊豆沼（宮城）、手賀沼（千葉）などの水質が悪いことが分かります。これらの湖沼は農業地帯に属しており、その水質汚染の原因の一つは農地から流出した窒素肥料です。アメリカでは、農業地帯を流れるミシシッピ川に多量の硝酸が流れ込み、その下流のメキシコ湾で赤潮が発生して問題となっています。赤潮が発生すると水中の溶存酸素量が低下し、魚介類が酸欠となり窒息死してしまいます。赤潮などによって特定の生物が死滅すると、もともとあった生態系が大きく変化してしまいます。大気中に放出された窒素も環境破壊に大きく加担しています。農地から揮発したアンモニアは、非常に反応性が高いという化学的性質を持っており、大気中の酸素と反応して窒素酸化物（NOx）となります。このアンモニアの揮発や脱窒反応の過程で放出された NOx は、高濃度であれば、酸性雨の原因となります。たとえ少量であっても、NOx などの窒素が降り注ぐと環境中の窒素バランスが崩れることで生態系に影響

2　近年、実験室レベルでは、常温・常圧で人工的にアンモニアを合成する方法が開発されています。この方法が工業的に実用化されれば、アンモニア合成にかかるエネルギーは飛躍的に低下すると考えられます。

してしまいます。また、NOx の一種である N_2O ガスはオゾン層を破壊する最大の要因であることが知られています。さらに、N_2O ガスは二酸化炭素の約 300 倍の温室効果を有しており、地球温暖化を促進する原因物質の一つでもあります。このように農地から流出した窒素は、地球規模での環境問題や生態系の破壊に大きく影響しているのです。

　窒素肥料の流出は環境へ対する負荷だけでなく、私たちの健康を害する原因ともなります。農地から流出した硝酸を含む地下水は、メトヘモグロビン血症と呼ばれる病気の原因となります。硝酸に汚染された水を飲むと、硝酸が腸内細菌によって亜硝酸に変換されます。亜硝酸は血中のヘモグロビンを酸化し、メトヘモグロビンを生成します。メトヘモグロビンは酸素を運ぶことができないので酸欠状態を引き起こします。成人では深刻なメトヘモグロビン血症はほとんどありませんが、乳児の場合は死に至ることもあります。大気中に揮散したアンモニアや NOx は、硫酸などと化学反応を起こして、硝酸アンモニウム（NH_4NO_3）や硫酸アンモニウム（$(NH_4)_2SO_4$）、硫酸水素アンモニウム（NH_4HSO_4）などの物質になります。これらの化合物は PM2.5 の主要な構成物です。PM2.5 とは、大気中を漂う直径 $2.5\,\mu\mathrm{m}$ 以下の非常に小さい粒子状物質（Particulate Matter）のことです。呼吸とともに肺の奥深くまで取り込まれた PM2.5 は、喘息や気管支炎、肺がんなどの健康被害を引き起こすと指摘されています。工場や車の排気ガスなどに由来する大気中の硫酸化合物はフィルターなどの除去技術の進歩によって低下する傾向にありますが、アンモニアは増加を続けています［Bauer et al., 2016］。大気中のアンモニアや NOx の大部分は、農地に由来しており、現在の PM2.5 の主要な発生原因が農業であることが最近の研究で明らかになりました［Bauer et al., 2016］。

肥料の限界

　化学肥料の主要成分は、窒素、リン酸、カリウムです。これらの栄養素は土壌中で欠乏しやすいため化学肥料の主要成分なのですが、このよ

うな化学肥料だけを投入し続けると農地の栄養バランスや pH バランス
が崩れてしまいます。また、農地に含まれる有機物が減少し、土壌中の
生物多様性が失われてしまいます。このような土壌では、肥料を与えて
も作物がうまく育ちません。このような背景もあって、最近では、家畜
の排泄物やレンゲなどの植物を肥料として利用する有機農業が注目され
ています。平成 26 年の農林水産省の統計によると、日本で排出される
90%以上の家畜排泄物がすでに肥料として利用されています［農林水産
省生産局畜産部畜産企画課畜産環境・経営安定対策室、2014］。家畜の
排泄物や植物を肥料として利用することは、持続可能な農業の実現には
不可欠です。しかしながら、家畜排泄物であっても多量の窒素を農地に
投入するのであれば、窒素の流出による環境問題の解決にはなりません。
加えて、テーアが直面したように、家畜の排泄物をどのように生産する
かが大きな課題となります。現在の日本では、飼料の大部分を外国から
輸入することで多くの家畜排泄物を得ることができていますが、このよ
うな状況が世界の中で非常に特異であるのは言うまでもないことです。

　ギルガメッシュにとってレバノン杉の森は無限であるかのように見え
たのかもしれませんが、現代の私たちにとって農業資源はどう見ても有
限です。今は、地球が長い年月をかけて蓄えてきた土壌の力を食糧とし
て利用できているかもしれませんが、近い将来に今のような農業は立ち
行かなくなってしまうでしょう。環境への負荷が小さく、いま以上の収
量を得ることのできる持続可能な農業を実現する新たな打開策が求めら
れているのです。

4　持続可能な農業の実現にむけて

窒素を固定する微生物と植物の共生

　これまでハーバー・ボッシュ法による窒素固定法を紹介してきました
が、地球上の窒素固定に占めるハーバー・ボッシュ法の割合は 30%ほど
でしかありません。窒素固定の実に 60%は生物によって行われている

のです（図5）（残りの10%は、雷の高いエネルギーによって大気中の窒素ガスと酸素が反応し、窒素酸化物が生成することで固定されます）。生物は、ハーバー・ボッシュ法で固定されるアンモニアのおよそ2倍のアンモニアを毎年合成しているのです。この生物の力を農業に利用することが、農業における次の打開策になるのではないか、と私は考えています。

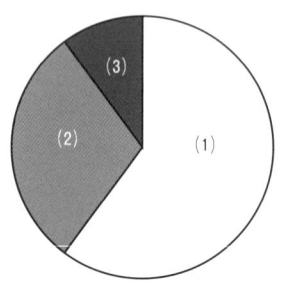

(1) 微生物による窒素固定
N_2+3H_2（水に由来）$\rightarrow 2NH_3$

(2) ハーバー・ボッシュ法
N_2+3H_2（化石燃料に由来）$\rightarrow 2NH_3$

(3) 雷による窒素固定
$N_2+nO_2 \rightarrow 2NO_x$

図5　窒素固定の種類と全体に占める割合
（干鯛真信、2014、窒素固定の科学－科学と生物学からの挑戦を参考に作成）

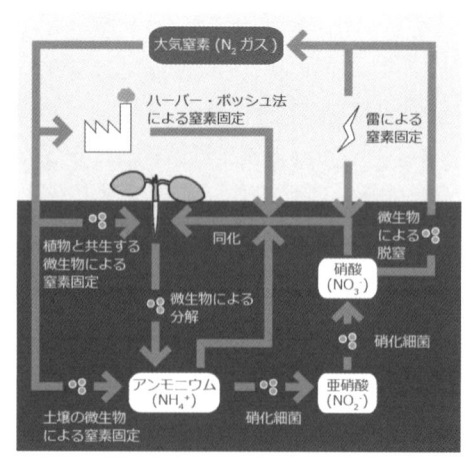

図6　窒素循環に関わる微生物の役割

ここで「窒素固定」は、N2ガスをアンモニアに変える反応を指します。「同化」は、植物が無機態窒素（アンモニウムや硝酸）をアミノ酸、つまり有機物に変換する反応を指します。「硝化」と「脱窒」については、2の図3で説明しています。
　（EPA ウェブサイト（http://www.epa.gov/caddis/ssr_amm_nitrogen_cycle_popup.html）を参考に作成）

　空気中の窒素ガスからアンモニアを合成できる生物は、一部の微生物に限られています。微生物が、窒素を固定するカギとなるのはニトロゲナーゼと呼ばれる酵素です。この酵素は、常温常圧下で大気中の窒素ガスをアンモニアへ変換する反応を触媒します（化学反応式で書くと N_2 ＋ $8H^+$ ＋ $8e^-$ ＋ $16ATP \rightarrow 2NH_3$ ＋ $16ADP$ ＋ $16PO_4^-$ ＋ H_2 という反応を触媒します）。ニトロゲナーゼをもつ微生物は、細菌や古細菌、シアノバクテリアなどで、少なくとも、33科85属の微生物が知られています［堀越ら、2003］。これらの窒素固定微生物は、地球規模の窒素循環において非常に重要な役割を担っています（図6）。さらに、窒素を固定する微生物の中には、植物と共生することによって植物の窒素獲得に大きく貢献することが知られています。これらの微生物は植物との関わりから、1）土壌中に単独で存在する窒素固定微生物、2）根圏と呼ばれる根の近傍数ミリメートルの土壌や根の表面でゆるく共生する微生物、3）エンドファイトと呼ばれる葉や根の細胞間隙などの植物体内に共生する微生物、4）根粒中で植物と共生する微生物、の4種類に大別できます［堀越ら、2003］。

　これらの微生物の窒素固定に対する貢献は、1）〜4）の順に大きくなります。1）の単独で窒素固定する微生物は1 ha あたり数 kg 程度の窒素を固定するだけですが、図7Aの写真のような根粒中で共生する窒素固定細菌（一般に根粒菌と呼びます）は150〜200 kg/ha もの窒素を1年間に固定することができます。日本の稲作の一般的な窒素肥料の量は約100 kg/ha なので、根粒菌の窒素固定量はかなり大きいといえます。あまり有名ではありませんが、マメ科植物以外にも根粒を形成する植物は多数存在します。たとえば、ハンノキやソテツ、ヤマモモといった樹木は根粒を作り、フランキア菌と呼ばれる窒素固定細菌と共生しています。これらの樹木は、窒素固定細菌と共生することで栄養の少ない荒地でも生育することができ、森林形成の初期に登場する先駆樹種と呼ばれます。先駆樹種が栄養の少ない土壌を改良することで、森林を形成する下地ができるのです。このように窒素を固定する微生物との共生は、生態系の

形成においても重要な役割を担っています。

　マメ科植物やハンノキなどの樹木が根粒を形成するのは、窒素固定細菌の能力を存分に発揮させるための工夫だといえます。植物の維管束に囲まれた根粒内では、植物が窒素固定反応に必要なエネルギー（光合成に由来する糖化合物）を微生物に供給し、微生物によって合成されたアンモニアを受け取るという円滑な物質のやり取りが可能です。さらに、根粒内にはニトロゲナーゼの窒素固定反応を阻害する酸素を少なくする工夫があります。マメ科植物をはじめとする根粒を作る植物は、窒素固定細菌が効率よく窒素固定するために根粒という特別な器官を手に入れたのです。

　根粒は植物と窒素固定細菌の共生において究極の形態だといえますが、2)根圏でゆるく共生する微生物や、3)エンドファイトによる窒素固定も植物の窒素利用に大きく貢献します。根粒を持たない植物は低酸素状態を作りだすことはできませんが、根の周辺土壌や植物体内の窒素固定微生物に糖化合物を与えることはできます。図 7B で示すような植物体内で相互作用するエンドファイトの場合だと、1 年間に 20 kg 〜 40 kg/ha、時には 150kg/ha 程度の窒素を固定することができます［堀越ら、2003］。実際、これらの窒素固定細菌は、根粒を形成しないサトウキビやイネ、コムギ、トウモロコシ、サツマイモ、パイナップルなどの植物の生育や生産性を向上させることが実験的に明らかになっています。

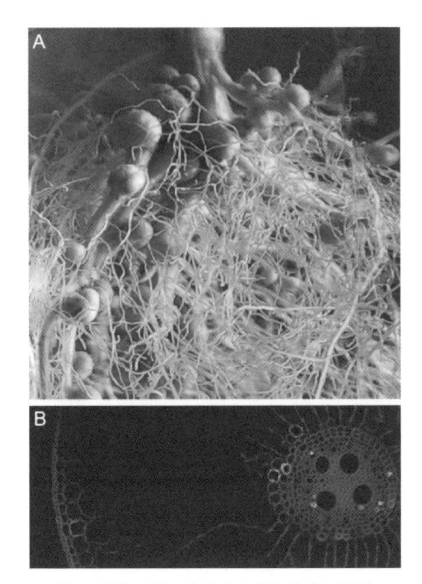

図7　植物の根で共生する微生物 (口絵④)

(A) ダイズの根の根粒：ダイズの根の周りにあるこぶのことを根粒といいます。この根粒の中には多くの窒素固定細菌が生息しています。(B) イネの根のエンドファイト：この写真はイネの根の横断面の写真で、左側が根の外側で右側が根の中心柱です。青く見えるのがイネの細胞壁で緑色に光っているのがエンドファイトです。緑色が青く染まった細胞を取り囲むように見えるのは、エンドファイトが細胞と細胞の間に生息していることを示しています。(提供：東北大学生命科学研究科 南澤究教授、包智華博士)

微生物を利用した農業の未来

　窒素を固定する微生物を人為的に農業へ利用できれば、環境負荷の小さい持続可能な農業を実現できるかもしれません。微生物を利用した農業という意味では、マメ科の作物は優等生です。なぜなら、マメ科の作物は根粒菌を利用して栽培されるからです。しかし、玄米の窒素含量が約 1 － 1.5％ であるのに対し、ダイズ種子の窒素含量は約 6 － 8％ であり、ダイズはイネと同じ収量を得るのにイネの約 5 倍の窒素を必要とします。このように、マメ科植物の種子に占める窒素含量はイネやコムギよりはるかに多いため、高い収量を上げるにはイネなどの穀類よりはるかに多くの窒素肥料が必要になるのです。加えて、根粒という非常に優秀な微生物との共生メカニズムをすでに有していることから、微生物の利用に

よる収量増加の伸びしろは限られています。また、FAO の統計によると、2013 年のイネとコムギ、トウモロコシの収量は、合計で 2 億 5,000 万トンであるのに対し、主要なマメ科植物の収量の総和はわずかに 3,500 万トンしかありません［FAO、2013］。そのため、マメ科植物の生産を増強しても農業生産全体に対する影響は限定的であるといえます。

　世界の作物生産の大部分を占めるイネやコムギ、トウモロコシの生産には微生物の能力をほとんど利用できていません。そのため、これらの作物は微生物の利用によって、生産性が向上する、または、化学肥料の使用量を大幅に削減できる可能性があります。産業革命以後、農業は工業と同様に環境に対して大きな負荷をかけながら発展してきました。そうして発展してきた農業の生産性はそのままに環境負荷を低減した持続可能な農業を実現するには生物の力に頼るしかないのです。

微生物の利用に向けて

　微生物を利用した農業を実践するには、植物と微生物の共生についての理解をさらに深める必要があります。これまでにも、多くの人が植物と微生物の共生について研究をしてきたのですが、それでも共生メカニズムについては不明な点がたくさん残されています。数ある課題の中で、私は、植物と微生物の共生関係が窒素肥料によって変化するメカニズムを明らかにしたいと思っています。

　これまでの研究で、窒素肥料の投入によって植物と有用な微生物の共生関係が弱くなることが明らかになっています。土壌から十分な窒素を獲得できる場合、植物は共生関係を弱めて微生物への炭素供給を減らし、炭素を植物自身の生育に用いるという戦略をとるため、このような現象が引き起こされると考えられています。結果として、窒素肥料の投入は、マメ科作物の根粒の減少やイネなどの根の共生微生物の種類や量の大きな変化を引き起こします。

　この窒素肥料に応じて植物が微生物との共生関係を自己調整する機構は、農業への微生物の利用を難しくしている要因の一つだといえます。

微生物のみを利用した場合でもある程度の収穫は期待できますが、窒素肥料を多量に用いる現代の農業と比べるとその収量は十分だとは言えません。収量の向上と窒素肥料の削減を両立するには、微生物の窒素固定能力と窒素肥料の併用が必要だと考えられますが、窒素肥料を与えると植物が微生物との共生関係を弱めてしまうため、微生物と窒素肥料による生育促進効果を同時に得るのは難しいのです。

　この問題は、窒素肥料によって植物と微生物の共生関係が変化するメカニズムが分かれば解決できるかもしれません。これまでの研究で、マメ科植物の根粒が窒素肥料によって減少するメカニズムについては明らかになりつつあります。しかし、マメ科以外の植物で、微生物との共生関係が窒素肥料によって調節されるメカニズムはほとんど明らかになっていません。そこで、私は根粒を作らない植物のモデルとしてシロイヌナズナを用いて、非マメ科植物の窒素に応じた微生物との共生関係の調節メカニズムについて研究しています[3]。最終的には、シロイヌナズナで得られた知見をイネやコムギ、トウモロコシなどに応用し、微生物を利用した持続可能な農業を実現したいと考えています。

5　本研究が目指す将来の学際的な展開

　すべての研究には歴史があります。「プロローグ」で紹介されていたアインシュタインやリービッヒの功績をみると、突然、彼らが新たな研究分野を拓いたと思えるかもしれません。しかし、彼らの偉大な功績には、彼ら以前の多くの研究や彼ら自身の人生におけるさまざまな経験が大きく影響しているのです。もし、リービッヒがヨーロッパ大飢饉を経験していなかったら、彼が化学の世界から農学の世界に転身することは

3　シロイヌナズナは、ヒトの研究にマウスやラットを用いるように、作物の研究にしばしば用いられるモデル植物です。研究資材が豊富であることや多くの研究の蓄積があるという利点があります。

なかったかもしれません。そうなっていれば、植物栄養学の歴史は今日とは大きく異なっていたでしょう。私は、先人たちが紡いできた研究の歴史と私たち自身の経験が交わるところに、良い研究が花開くと考えています[4]。

　私の研究の最終目標は、植物と微生物の共生関係ができるメカニズムを明らかにして、農業に微生物の力を利用することです。ここで、私が大事にしたいと思っているのは、「私の研究の基礎が植物栄養学である」という点です。なぜなら、私が取り組んできた植物栄養学への疑問がこの研究の原点であるからです。自然界を単純化することで発展してきた植物栄養学の観点から自然界の複雑さを評価したいというのが、私が本研究に取り組んだ動機なのです。

　植物栄養学は、もともと植物自身と栄養素の関係を解明することを主な研究課題としています。そのため、水耕栽培のような植物と栄養素の関係が明確になる実験条件を採用して発展してきました。このような人工的な実験条件は、植物科学の発達に大きく寄与しているのですが、自然界はもっと複雑です。自然界の植物は、温度や降水量などの気象条件、土壌の性質、植物同士の生存競争、土壌に生息する微生物や昆虫・動物の影響などのさまざまな不確定な要素が複雑に絡まりあった環境で生息しています。植物科学の中には、「植物と微生物の共生を研究対象にする分野」があり、微生物学の中には「自然界の多種多様な微生物を研究対象にする分野」があります。私は、これらの分野の研究手法や考え方を植物栄養学にあてはめること（「プロローグ」で論じられた（B）に対応）で、微生物との共生関係を利用してさまざまな土壌環境に適応する植物の栄養獲得戦略の一端を明らかにしたいと考えています。

　一般的に、農業に対する皆さんのイメージは地味であったり、牧歌的なものであるかもしれません。しかしながら、作物、土壌、気象、微生物、昆虫などなどが複雑に絡みあっての農業であるという意味では、農

---

4 「プロローグ」で論じられた（A）に関して、いま私が思っていることです。

業ほど学際的な生業はありません。現代の農業には、経済学、有機化学、分子生物学をはじめ、工学、気象学などのありとあらゆる科学が利用されています[5]。もし、読者の皆さんの中に、農業と関係のないと思われる研究分野に進んだ人がいるならば、あなたの専門分野を農業に役立てるにはどうしたらいいかと考えてみてください。もしかしたら、あなたが第 2 のリービッヒとして農業に革新をもたらすかもしれません。

さらに学ぶための文献

[1]　干鯛真信著『窒素固定の科学 ―化学と生物学からの挑戦―』（裳華房、2014 年）
　　窒素固定の重要性についての背景と工学、生物化学の点から窒素固定を解説しています。化学と物理をよく勉強した高校生または理系の大学 1・2 年生向け。

[2]　池田成志、鶴丸博人、大久保卓、岡崎和之、南澤究著『植物共生科学の新展開と農学研究におけるパラダイムシフト』（化学と生物 vol.51 pp.462-470、2013 年）
　　植物と共生している微生物の重要性や共生微生物の研究方法などについて詳しくまとめてあります。農学の観点から共生微生物を扱っており、本章をさらに深く考える上で有益だと思います。理系の大学 1・2 年生向け。

[3]　宮澤日子太、山谷紘子、川口正代司著『根粒形成のオートレギュレーション（＜特集＞根粒菌および菌根菌共生 ―最近の分子遺伝学の進歩―）』（植物の生長調節 46 巻 pp.120-127、2011 年）
　　マメ科植物と根粒菌の共生関係が植物によって調節されるメカニズムについて、詳しくまとめてあります。この分野は新しい知見がたくさん出ているので最新の知見を手に入れるには英字論文を読む必要があります。この論文は日本語で最新の論文の研究背景に当たる部分を勉強できます。理系の大学 1・2 年生向け。

5　トラクターや田植え機はもとより、肥料の散布などにドローンや無人飛行機などが利用されています。また、気象データを解析することで、経験に頼らず、効率的な灌漑が実施されている場所もあります。

【引用文献】

梅原猛、安田喜憲（編）
　1995「講座文明と環境第 3 巻農耕と文明」朝倉書店
小野信一
　2008「農業と環境 No.102」農業環境技術研究所
NPO 日本下水文化研究会、屎尿研究分科会（編）
　2003「トイレ考・屎尿考」技報堂出版
熊澤喜久雄
　2008「テーアの『合理的農業の原理』における土壌・肥料」肥料科学（30）、
　89-138.
干鯛真信
　2014「窒素固定の科学 - 科学と生物学からの挑戦」裳華房
農林水産省生産局畜産部畜産企画課畜産環境・経営安定対策室
　2014「畜産環境をめぐる情勢」
　http://www.maff.go.jp/j/chikusan/kikaku/lin/l_hosin/pdf/kankyo_2701.pdf
堀越孝雄、二井一禎（編）
　2003「土壌微生物生態学」朝倉書店
三沢嶽郎
　1951「リービッヒの思想とその農業経営史上に於る意義」農業技術研究所
　報告 H 経営土地利用、1-26.
矢島文夫（訳）
　1998「ギルガメッシュ叙事詩」ちくま学芸文庫
吉田武彦（訳）
　1986「化学の農業及び生理学への応用」北海道農業試験場研究資料（30）、
　1-152.
Bauer, S. E., Tsigaridis, K., & Miller, R..
　2002.Significant atmospheric aerosol pollution caused by world food
　cultivation. Geophysical Research Letters, 43, doi:10.1002/2016GL068354.
Food and Agriculture Organization of the United Nations（FAO）.
　2013. Statistical Yearbook 2013. FAO. Rome, Italy.
International Energy Agency（IEA）.
　2014. Key world energy statistics. IEA. Paris, France.

Marschner, H.

  2011. Marschner's mineral nutrition of higher plants. Academic press.

O'Brien, P. K.

  2002. Atlas of World history. Oxford University Press. Oxford. United Kingdom.

United Nations (UN), Department of Economic and Social Affairs, Population Division.

  2013. World Population Prospects: The 2012 Revision, Highlights and Advance Tables. Working Paper No. ESA/P/WP.228.

United States Environmental Protection Agency (EPA).

  2016 Website (http://www.epa.gov/caddis/ssr_amm_nitrogen_cycle_popup.html).

執筆者紹介

小西　範幸（こにし　のりゆき）

東北大学農学部を卒業後、同大大学院農学研究科応用生命科学専攻の博士課程前期および後期へ進学。2017 年 3 月、論文提出による博士号取得。博士（農学）。執筆時、東北大学学際高等研究教育院生。2017 年 4 月より岡山大学資源植物科学研究所で特別契約職員助教として勤務。専門は植物栄養学。植物の窒素吸収・代謝のメカニズム解明を主な研究課題とし、この視点から窒素をめぐる植物と微生物の共生メカニズムの研究にも取り組む。

第5章
人間的（脳型）コンピューティングによる
安全で快適な暮らしの実現に向けて

鬼沢　直哉

1　コンピュータよりも遙かに優れた人間の脳

現在のコンピュータは限界

　現在、パソコンやスマートフォン等のデジタル機器が非常に高性能になったことから、皆さんは生活の利便性が向上したと感じていると思います。これらの高性能なコンピュータは、半導体素子であるトランジスタを数百万〜数億個集積した、大規模集積回路（Large-Scale Integration（LSI））によって実現されています。この LSI 技術の発展により、現在ではハイビジョンを超える 4K 画質の動画像処理や 4G LTE 等の高速無線通信などが実用化されています。

　このように現在のコンピュータは非常に高速な処理が実現できる一方で、人間がごく自然に行っている処理である「物体認識」や「意味理解」処理を実現するのが難しいことが知られています。

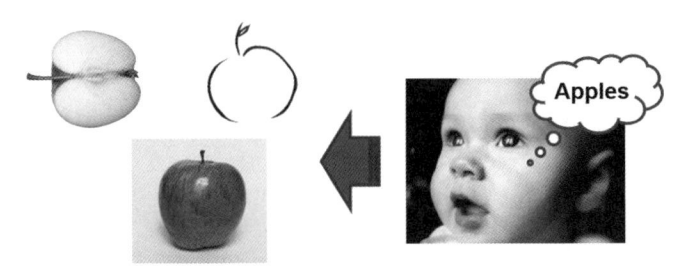

図1　りんごの実物と絵を見せたときの「物体認識」処理

前頁の図1にりんごの実物と絵を見せたときの「物体認識」の例を示します。人間であればりんご丸々一個であっても半分であっても、また実物ではなくりんごの絵であっても、それらは等しく「りんご」と認識することが出来ます。これは人間にとっては大した作業ではないのですが、現在のコンピュータに同じ処理をさせると、上手く認識出来ない可能性があります。

　例えばコンピュータからすると、この三つのりんごはまったく違う画像で、りんご丸々一個の絵であればその表面の色は「赤色」で、半分に切れているものは「黄色」で、線のみで描かれたりんごの絵であれば「白色」になります。このような異なる色の画像であっても、私たち人間は「りんご」と認識することが出来ます。それはどのようにして実現しているのでしょうか？

1,000 億個の神経細胞からなる人間の脳

　「物体認識」等の処理が私たち人間には簡単に出来て、現在のコンピュータには実現出来ない原因は、情報処理の方法（アルゴリズム）や構造（アーキテクチャ）が、人間の脳と現在のコンピュータとで異なっているためと推測できます。現在のコンピュータの処理方法について簡単に説明すると、ほとんどのコンピュータが 1940 年代に考案されたノイマン型コンピュータ[1]として知られる方式を元に作られていて、最新のコンピュータは約 10 億個のトランジスタからなる LSI によって制御されています。

　一方で、人間の脳は約 1,000 億個の神経細胞（ニューロン）から構成されていることが知られていますが、その情報処理方法については大部分が現在のところ分かっていません。

1　ノイマン型コンピュータとは、コンピュータの父として知られるジョン・フォン・ノイマンによって考案され、プログラム（ソフトウェア）と機械（ハードウェア）が分離された方式。

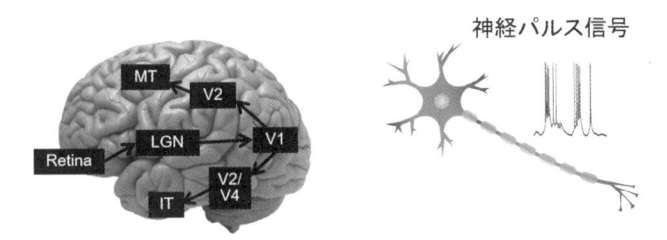

**図 2　網膜（Retina）から視覚情報処理（左）と
神経細胞（ニューロン）とそのパルス信号（右）**

　図 2 に網膜（Retina）からの視知覚情報処理の例を示します。人間の脳の構造は、人間の脳に近い霊長類であるサルの脳を実験することでごく一部はわかってきており、脳が部分部分で機能分割されていることが知られています。網膜で受け取った光信号は電気信号に変換され、LGN（外側膝状体）を通して V1（第 1 次視覚野）に到達します。そこから処理経路に応じて V2、V4（第 2 次、第 4 次視覚野）等を通じ、MT（第 5 次視覚野）や IT（下側頭葉皮質）に到達することで、「物体認識」等が行われていると考えられています。しかし、実験により特徴が詳しく知られている脳の領域は V1 に限定されます［Hubel、1974］［DeAngelis、1991］。

　また、それぞれの視覚野はニューロンを用いた情報処理を行っていると考えられており、古くからその挙動を確認する実験がされてきました［Izhikevich、2004］。ニューロンは神経パルス信号を用いて情報処理を行っていて、その処理は確率的であることが知られています。例えば、同じパルス信号をニューロンに与えた場合、ある時はニューロンは発火（出力信号を出す）するが、ある時はニューロンは反応しない、というような現象です。このような確率的振る舞いは現在のコンピュータとはまったく異なり、脳における情報処理の特徴の一つと言えます。

　このように人間の脳というのは、非常に大規模（神経細胞1,000億個）で複雑でありながら、ほとんどその情報処理方法が分かっていないというのが現状ですが、「物体認識」や「意味理解」処理等においては現

在のコンピュータを遙かに凌ぐことは分かっています。そのため、私た
ちの研究グループでは現在のコンピュータとはまったく異なる、脳機能
を模倣した「脳型コンピュータ」の実現に向けたプロジェクト研究[2] を
行っています。

2 脳型コンピュータの実現の鍵は「いいかげんさ」？

現在のコンピュータと脳の計算方法の違い

　では、どのように脳型コンピュータを作っていけばいいのでしょう
か？　まずは、現在のコンピュータとの計算方法の違いについて説明し
ていきます。

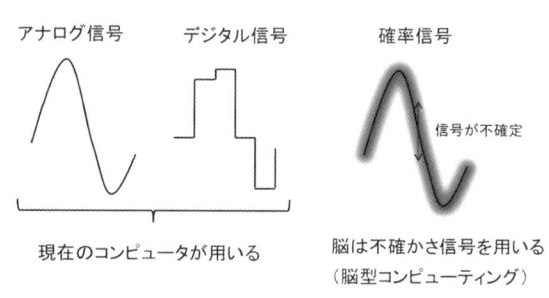

図3　現在のコンピュータが用いるアナログ・デジタル信号（左）と
脳が用いていると考えられている確率的信号のイメージ図（右）

　図3左のように、現在のコンピュータはアナログ信号及びデジタル信
号を用いて情報を表現しています。アナログ信号は音声や動画など、私
たちが見たり聞いたりできるものであり、デジタル信号はそれら音声や
動画の情報処理に用いられます。つまり、一般的にコンピュータ内部
ではデジタル信号を用いて、私たちが知覚できる現実世界とのやりとり

2　プロジェクト名称：平成 26 年度文部科学省概算要求「人間的判断の実現に向けた脳型 LSI
　　創出事業」プロジェクト（プロジェクト期間は 6 年（予定））。

（入出力）にはアナログ信号が用いられます。このような信号を用いて、現在のコンピュータは「決定論」に基づいて計算を行っています。一方で、脳で用いられている信号は、コンピュータのようなデジタル信号ではなく、ある不確定な情報を持った信号（確率信号）を用いて、「確率論」に基づいた計算を行っていると考えられています。

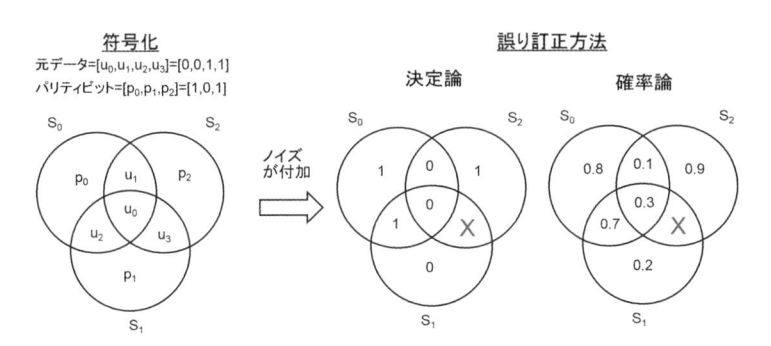

図4　決定論と確率論による演算の違いを示す例（パリティ符号の例）
決定論に基づく計算では、三つの各円の中の1の数が偶数になるように計算を行い、誤り（X）を訂正する。

　では、ここで「決定論」と「確率論」による演算例を簡単に説明していきます。この例ではエラー検出・訂正符号[3]の一種であるパリティ符号を例に用います。一般的にコンピュータでの演算では、0や1など人間でいうと言葉や文字に当たるようなものを使っており、コンピュータにおける符号化というのは、人間社会でいう文法のようなものです。ノイズが多くて聞き取りにくくても、あらかじめ決められた法則性（文法）をもとに、会話の内容を類推することが可能です。

　その符号化の一種であるパリティ符号は、図4に示すように4ビットのデータと3ビットのパリティから構成され、1ビットのデータを訂正（修復）することが出来ます。この例だと、元データが $[0, 0, 1, 1]$ で、

3　エラー検出・検出符号とは、現在のデジタル機器のあらゆる場面で用いられており、例えば携帯電話などのデータ通信や CD・DVD などの記録媒体において、ノイズによる影響を低減し、データの品質を保つための必須の技術です。

パリティは各円（S_0, S_1, S_2）における 1 の数が偶数になるように生成されるため、［1, 0, 1］となります。

　ここで、データ通信などにおいてデータにノイズがのったとします。この時、データは［0, 0, 1, X］となります。（X は情報が不明）。この X を修復するために、各円における 1 の数が偶数になるように計算を行うと、X は 1 であることがわかり情報を修復することができます。ここで注目してほしいのは、演算に用いた情報は 0 と 1 の「確定した情報」のみを用いている点です。これが「決定論」に基づく計算方法となります。この決定論に基づくパリティ符号の場合、ビットの誤りが 1 ビットまでなら確実に訂正できますが、2 ビット以上になると確実に訂正できない、という特徴があります。

　それに対して、「確率論」に基づく演算方式では、ざっくり言ってしまうと 1 回 1 回の演算はある程度の誤りを含んでも構わない大雑把な演算をするが、最終的には正解に近いものが得られていればよい、というものです。つまり、決定論による演算と比較して、確率論による演算は「いいかげん」であるとも言えます。図 4 の例を見ると、決定論のように 0 や 1 のような確実な値を用いるのではなく、0.9 のような不確実な値を用いて演算を行います。この場合、0.9 は 1 である確率は非常に高いが、0 である確率もわずかにある、ということを示しています。この例では決定論による演算方式のように、X は 1 と確実に決定することは出来ませんが、1 に近い値であると「推定」することが出来ます。そのため、決定論による演算方式のように結果がいつも正確になるわけでなく誤りが含まれる可能性もありますが、一方で決定論によるパリティ符号では実現できない、2 ビット以上のビット訂正が実現できる可能性もあります。

　このような確率論による演算は、現在のコンピュータにおいても特定の処理用途に用いられており、具体的には Turbo 符号や LDPC（low-density parity-check）符号［Gallager、1962］［Onizawa、2011］等の、4G LTE や WiMAX 等の高速無線通信の誤り訂正符号処理に採用されてい

ます。これら確率論に基づく誤り訂正符号は、決定論に基づく従来型の誤り訂正符号を大きく上回ることが知られていますが、現在のコンピュータでは確率論による演算は限定的で、ほとんどが決定論に基づいて行われています。

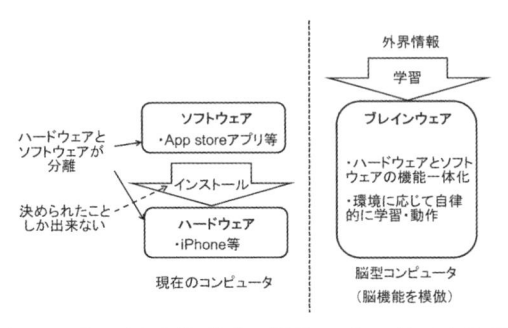

図5　現在のコンピュータと人間の脳（及び脳型コンピュータ）における記憶方法

現在のコンピュータと脳の記憶方法の違い

　ここまで、現在のコンピュータと脳の計算方法の違いについて説明してきましたが、ここからはデータの記憶方法の違いについて説明していきます。現在のコンピュータは、図5に示すように、ハードウェア（機械）とソフトウェア（プログラム）に分かれており、例えばApple社のiPhoneの場合、ハードウェアはiPhone本体で、ソフトウェアはApp Storeからダウンロードするアプリに当たります。私たちはコンピュータに新しい機能を追加したい場合、アプリをダウンロードしてインストールします。ここでは、インストールを現在のコンピュータにおける記憶とします。ダウンロードしたアプリは予めiPhone上で確実に動作するように設計されたもので、一般的にインストール後にすぐに使うことが出来ます。しかし現在のコンピュータは、予め人間がプログラムした通りにしか動作せず、環境に応じて「自律的に」機能が追加・変更されることはありません。

　一方で人間の脳は、コンピュータのようにアプリをインストールする

ことで瞬時に能力（機能）を追加することは出来ず、学習によって新しいことが出来るようになります。例えば英会話などは短時間テキストを見ただけでは身につかず、長い年月学習をすることで（不完全ながらも）英会話能力を習得することが出来ます。このように人間は現在のコンピュータと比較して学習（記憶）に時間がかかる一方で、外界情報（環境）に応じて柔軟に学習することが出来ます。例えば現在のコンピュータの場合、ハードウェアの構成がすべて分かっているため、そこで動作するソフトウェアをインストールすることが出来ますが、人間は自分自身の脳の構造がまったく分かっていないにもかかわらず、新しいことを学習することが出来ます。このような柔軟な学習が実現できる理由は、人間の脳が現在のコンピュータのようにハードウェアとソフトウェアは分離されておらず、それらが一体化された構造を取っているためと考え、私たちはその一体化された構造をブレインウェアと呼んでいます。私たちのプロジェクトでは、このブレインウェア構造をベースとして、人間のような柔軟な処理が可能な「脳型コンピュータ」の実現に取り組んでいます。

脳の計算・記憶の両機能を模倣した脳型コンピュータ

　脳型コンピュータの実現に関する研究は古くから行われ様々なものがありますが、ここで私たちの提案する脳型コンピュータとの違いについて説明していきます。脳型コンピュータで最も盛んに行われている研究の一つとしては、ニューラルネットワークがあります。ニューラルネットワークとは脳の神経細胞であるニューロンを簡易的にモデル化したものをベースとしたもので、それらを組み合わせることで「物体認識」処理などに応用することが出来ることが知られています。特に近年は、ディープラーニング[4]［Hinton、2006］と呼ばれるニューラルネッ

4　ニューラルネットワークの一種で、ネットワークの層数が多いもの（10 〜 30 など）を指し、層数が多いほど性能が一般的に上がることが知られています。

トワークが、人間に迫る（場合によっては人間を超える）物体認識能力を示すことで注目されています。また、ディープラーニングを利用して、ネット上の 1,000 万枚の画像を用いて学習させた結果、猫の顔に反応するニューロンが生成された「Google の猫認識」等が有名です。

　しかし、ディープラーニングは計算コストが非常に大きいことが問題となっており、一般的にスーパーコンピュータを用いて数日〜数十日かかることが知られています。また、電力の面からみても非常に非効率的で、例えばスーパーコンピュータの「京」は約 13MW 消費するのに対して、人間の脳はわずか約 30W と非常に小さく、約 40 万倍の電力を消費していることがわかります。このように現状の脳型コンピュータが速度・電力の面で非効率的なのは、アルゴリズム（ソフトウェア）のみでの研究を行っており、ハードウェアは現在のコンピュータと同じものを用いており、脳型の情報処理に適したものではない、と私たちは考えています。

　そこで、ソフトウェアだけでなくハードウェアも含めて一体化したブレインウェア構造を取り、さらに人間的（確率的）情報処理を行うことで、脳の計算・記憶の両機能を模倣することで、人間の脳機能に迫る脳型コンピュータの実現に取り組んでいます。

3　脳型コンピューティングの実現に向けた取り組み

　私たちは今、次頁の図 6 に示すような脳の視知覚機能の一部を模倣した脳型コンピュータを、大規模集積回路（LSI）により実現する取り組みを行っています。人間の脳の視知覚処理の初期段階は、1：Retina（網膜）で得られた光（信号）を検出し、2：その光信号を電気信号に変換したものを後段のブロックに転送し、3：V1（第 1 次視覚野）で特徴が抽出されることが知られており、この三つのブロックを LSI で実現します。

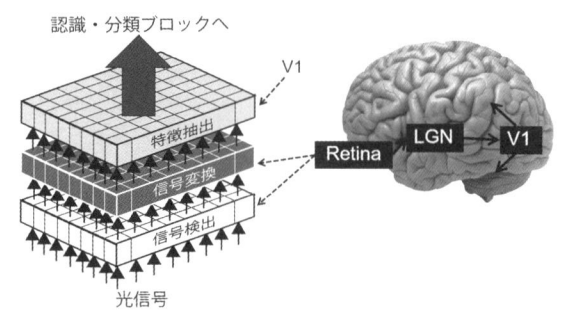

図6 確率信号を用いて脳機能の一部を模倣した脳型コンピュータ LSI

　また、現在のコンピュータとは異なり、人間の脳が用いているような「確率信号」を用いるだけでなく、人間の脳のように「階層的」かつ「並列的」に情報処理を行います。図6で示すように、三つのブロックを段階的に用いるため「階層的」であり、また一つ一つの矢印が画像の1ピクセルに対応するため「並列的」な処理となります。

新機能デバイスを用いて脳の神経パルスのような確率信号を作り出す

　第1のブロックである「信号検出」ブロックでは、光を検出し電気信号に変換します。第2のブロックである「信号変換」ブロックでは、アナログ信号である電気信号を確率信号に変換します。（アナログ信号、確率信号については図3を参照）。第3ブロックである「特徴抽出」ブロックでは、確率信号を用いて脳の V1 層の視覚処理を模倣した処理を行い、入力信号の特徴を抽出します。

　まず第2ブロックに注目します。確率信号を生成するためには乱数[5]が必要になりますが、現在のコンピュータでは計算アルゴリズムにより乱数を生成しています。これは、現在のコンピュータを制御している LSIがトランジスタ（特に CMOS トランジスタ）により実現されており、

5　ランダムな数列のことで、デジタルコンピュータの場合 0 と 1 のみで構成されるランダムな数列。

そのトランジスタは確率的動作を示さないためです。一般的に乱数の精度に比例して計算コストが大きくなることが知られており、トランジスタのみで構成される現在の LSI では、効率的に乱数を生成できない問題があります。

　この問題を解決するために、新機能デバイスである Magnetic-Tunnel-Junction（MTJ）（磁気抵抗素子）［Ikeda、2010］とトランジスタを組み合わせることで、効率的に確率信号を生成できる手法を提案しています。

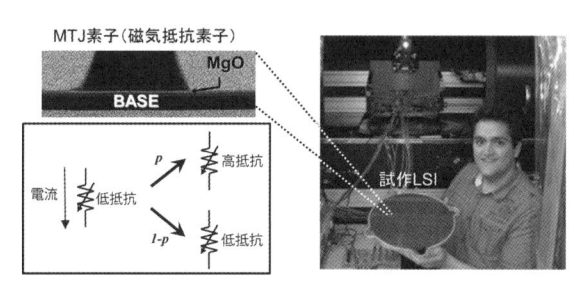

図7　確率的動作を示す磁気抵抗（MTJ）素子と、MTJ とトランジスタ技術を融合して試作した LSI
（試作に参加をした共同研究先のカナダ McGill 大学の Hooman Jarolalhi 君（博士課程学生（当時））

　図7に確率的動作を示す MTJ 素子と、MTJ とトランジスタ技術を融合して試作した LSI を示します。MTJ 素子は現在のコンピュータを大幅に省エネ可能な次世代のメモリ（記憶素子）として注目されていて、東北大学電気通信研究所の大野英男教授（執筆当時）の研究グループは世界最高性能の MTJ 素子を開発するなど、本学が世界を牽引している研究技術の一つです。この研究グループとの共同研究により、当研究室（本学電気通信研究所 羽生研究室）ではこれまで多数の LSI の試作を行ってきました。特に図7の LSI は、試作時に著者が所属していたカナダ McGill 大学の博士課程学生（当時）の Hooman Jarollahi 君及び Warren Gross 准教授（当時）との共同研究の成果です［Jarollahi、2014］。

　ここから MTJ 素子の動作について簡単に説明していきます。MTJ 素子は、素子内部のスピンの向きにより高抵抗と低抵抗の2状態を持ち、電流信号によりその状態を書き換えが可能な記憶素子です（「スピントロニクスデ

バイス」とも呼ばれる（詳しくは［Ikeda、2010］を参照））。さらに試作した LSI のようにトランジスタ上に積層可能なことから、現在のコンピュータに適用可能な次世代の不揮発メモリ[6]としても広く知られています。

　そして MTJ 素子の重要な特徴として、電流信号でのデータの書き換えの際、そのデータの書換え動作が確率的という特徴があります。図 7 の例では、MTJ 素子の初期状態は低抵抗とします。MTJ 素子に電流信号を流すと、p の確率で高抵抗に変化するが、（1-p）の確率で低抵抗のままとなります。このような確率的振る舞いを活用することで、アナログ信号を確率信号に変換することができます（詳しくは［Onizawa、2014］を参照）。

　図 8 に MTJ 素子を用いた確率信号の生成シミュレーションの例を示します。この場合 MTJ 素子は 63.2% の確率で抵抗値が変化するような電流信号を流しており、50 回 MTJ 素子への電流書き込みを行い、31 回は高抵抗に変化をし 19 回は低抵抗のままとなり、その確率は約 62% という結果が得られました（この確率は試行回数を多くすることで理想値に近づきます）。このように MTJ 素子を用いることで、基本的に素子一つでアナログ信号から確率信号に変換することが出来るため、非常に効率的に確率信号を生成することが出来ます。

　このように MTJ 素子の物理現象に基づき乱数を発生させることで、原理的に素子 1 個で実現可能なため、従来の計算コストの大きなソフトウェアに基づく乱数生成と比べて、速度・電力の面で大きなメリットがあります。加えて、物理現象に基づく乱数は「真性乱数」と呼ばれ、アルゴリズムを用いて生成する「擬似乱数」と比較して、乱数に偏りがない等、乱数としての質が高いこともメリットの一つです。

6　不揮発メモリとはコンピュータ内部の記憶素子であり、現在のコンピュータでは電源をOFF にするとすべてデータが消えてしまう揮発メモリを用いています。それに対して不揮発メモリは不揮発であるため、電源を OFF にしてもデータを保持することが出来るため、省エネルギー化が可能です。

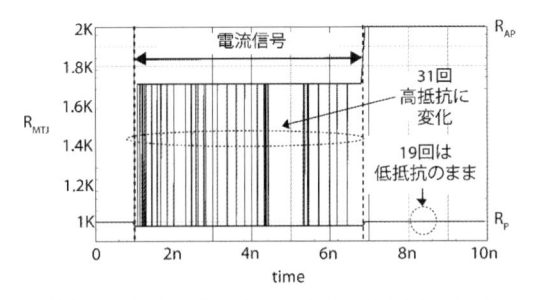

図 8　MTJ 素子を用いた確率信号（63.2%）の生成シミュレーション

確率信号を用いた脳の初期視覚機能の LSI 実現

　確率信号の生成後に、第 3 ブロック、すなわち図 6 で示す「特徴抽出[7]」ブロックの実現に取り組みました。脳の V1 層は図 9 に示すように、無数の受容野[8] から構成される超並列なハイパーカラム構造を持つことが知られています ［Hubel、1974］。V1 層では特定の角度に対応した線分を抽出する受容野が柱（カラム）状に構成され、そのカラムが 0 度から 180 度まで構成されたものがハイパーカラムと呼ばれます。特にその特徴抽出処理はガボールフィルタ ［Gabor、1946］ に近似できることも知られています ［DeAngelis、1991］。

　ガボールフィルタとは空間フィルタの一種で、入力画像から特定の空間周波数[9] 成分のみを取り出す処理を行います。強力な特徴抽出能力を

7　特徴抽出とは、特に視覚情報処理の場合、画像の「線分」や「色」等の特徴情報を抽出することを指します。

8　受容野とは、ある程度の数のニューロンが集まり、そのまとまりである特定の反応を示す空間です。

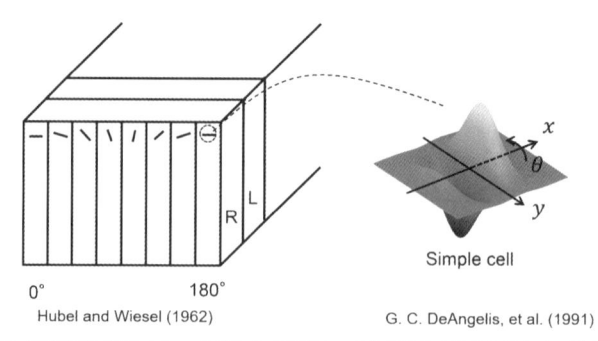

図9 脳の第一次視覚野（V1）では、0度から180度までの角度成分の線分を抽出する構成（左）を取り、その一つ一つの受容野はガボールフィルタに近似（右）

持つことから、指紋認証、車体検出など、様々なアプリケーションに応用されています。そのため、これまで多くの研究者によりその LSI 化が取り組まれてきましたが、ガボールフィルタは正弦関数とガウス関数の積で実現されるため、現在のコンピュータが用いる「決定論」に基づく計算方法では、その計算コストが非常に大きいことが問題となっています。さらに無数の受容野で構成される V1 層を LSI で模倣することを考えると、一つひとつのガボールフィルタ LSI をコンパクトに実現することは非常に重要です。

---

9 空間周波数とは、単位長あたりの縞の数で定義されます。

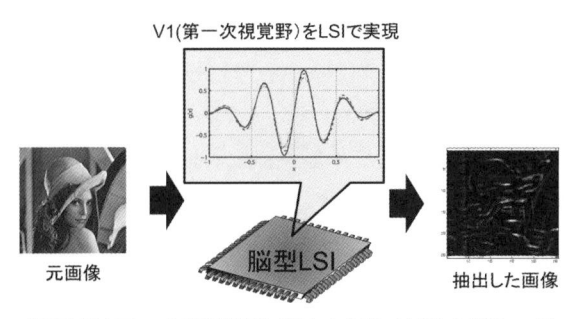

図 10　確率信号を用いて初期視覚機能（V1）を LSI で実現した脳型コンピュータ

　この問題を解決するために、確率信号および確率信号を用いる演算方式であるストカスティック演算 10（本稿では、確率的演算と呼称）[Genies、1969]を活用しました。現在のコンピュータで用いる 2 進数をベースとした 2 値演算方式では、ガボールフィルタに用いる正弦関数やガウス関数などの非線形演算を実現することを不得意としています。それに対して、確率的演算では非線形演算をコンパクトに LSI に実現可能であることを見出し、確率的演算によりガボールフィルタを LSI 実現しました（図 10）。その結果、従来 2 値演算方式と比較して同面積あたりで約 50 倍の高速化できることを示しました［Onizawa、2015］。

世界的スピーチコンテスト「Falling Walls Lab 2014」でのプレゼン

　これまで述べた確率的信号処理に基づく脳型コンピュータ LSI の研究成果について、「Falling Walls Lab 2014」においてプレゼンを行いました（図 11）。Falling Walls Lab は、「わずか 3 分で研究内容のプレゼン」を行う世界的スピーチコンテストであり、その本選が 2014 年 11 月 8 日にドイツ・ベルリンで開催されました。Falling Walls Lab はベルリンの壁の崩

---

10 ストカスティック演算とは、0 と 1 のビット列により表現された確率を用いた回路実現方法の一種である。例えば、01000 の 5 ビットからなるビット列は、5 つのビットのうち 1 つが 1 であるため、その値は 0.2（=1/5）と表現される。

壊 20 周年を記念して設立された財団「Falling Walls Foundation」が主催をしており、その日本予選「Falling Walls Lab Sendai」で私は入賞し、ベルリン本選でのプレゼンの参加を行いました。本選はベルリン中心部の色鮮やかな紅葉の木々に囲まれた Berlin Academy で行われ、世界 38 カ国から計 100 名の若手研究者（35 歳以下）が参加をし、その研究分野は、医学・工学・生物学・コミュニケーション学等、非常に多岐にわたりました。

図 11　Falling Walls Lab 2014 における筆者のプレゼンの様子

　私はその中で「Paradigm Shift in Computing」というタイトルで 3 分間（実際は、プレゼンが 2 分半＋質疑応答が 30 秒）の発表を行いました。2 分半で発表を行い、その後の 30 秒の質疑時間内に二つの質問をもらうことが出来ただけでなく、セッション間の休憩時間には、興味を持ってくれた多数の研究者に質問をされ、非常に有意義な時間となりました。

4　本研究が目指す将来の学際的な展開

　2015 年現在、第三次脳型ブームと呼ばれるほど、脳型コンピュータの研究は世界中で盛んに行われている一方で、実現できている機能は

「物体認識」処理のごく一部のみと、人間の脳処理には遠く及ばないのが現実です。今回実現した脳型コンピュータである初期視知覚機能 LSI は、物体認識処理を高速に実現できる一方、それ以降の高位の処理（空間認識、意味理解、予測など）は、アルゴリズム（ソフトウェア）も含めて非常に難しい研究領域です。というのも、我々は脳の機能についてほとんどわかっていないからです。脳の機能を観測する手段としては MRI や fMRI などがあり、特に fMRI では脳の血流量を観測することで脳の活動をある程度は計測することが出来ます。しかし、1,000 億個ものニューロンから成る人間の脳をすべて観測するのは極めて難しいのが現状です。

　では、どのように脳型コンピュータを作っていけばいいのでしょうか？　その答えは今のところ誰も知らないと思いますが、私たちのプロジェクトでは様々な分野の研究者が意見を出し合うことで、その解決策を探っています。その学問分野は、生理学、心理物理学、計算機学、情報学など様々で、複数の学問分野をまたがる学際研究が非常に重要です。

　一方で、「プロローグ」の 4 で指摘されているように、今後脳型コンピュータ（人工知能）の研究が進めば、社会構造に大きな影響を与えてしまう可能性（もしくは危険性）があることが想像されます。そのことについて、私たち理系の立場からはほとんど議論をしていないのが現状です。そのため、今後は社会学系の専門家との議論も積極的に行うことが重要です。

　最後に、タイトルにも挙げた「人間的（脳型）コンピューティングによる安全で快適な暮らしの実現」に関してですが、もし脳型コンピュータができると、どのように生活が変わるのでしょうか？　まず考えられるのが「スマート監視カメラ」です。現在でも公共の場での監視カメラの数は増えましたが、犯罪などが起こった際に、その記憶されたビデオを確認するのはやはり人間です。脳型コンピュータが人間のようにビデオの内容を確認することができるようになれば、人間よりも早く犯罪者の発見が可能になりより安全な生活が実現できるかもしれません。それ

以外にも、病気やけがなどにより損傷してしまった脳の機能の一部を脳型コンピュータで置き換えることで、機能の修復が可能になるかもしれません。

さらに学ぶための文献

[1]　ジョン L. ヘネシー、デイビッド A. パターソン著 / 成田光彰訳『コンピュータの構成と設計 第 5 版（上・下）』（日経 BP 社、2014 年）
現在のコンピュータがどのように動いているのかを、初歩から理解することができる、この分野でのバイブルにあたる書籍です。大学 1・2 年生向け。

[2]　石井健一郎、前田英作、上田修功、村瀬洋著『わかりやすいパターン認識』（オーム社、1998 年）
コンピュータを用いたパターン認識アルゴリズムの入門書です。深く理解するためには、統計学も一緒に知っておいた方がよいです。大学 2・3 年生向け。

[3]　深山正幸著『HDL による VLSI 設計 ―VerilogHDL と VHDL による CPU 設計―』（共立出版、2002 年）
コンピュータを設計するための標準的な言語である Verilog-HDL と VHDL を、初歩から理解することができる書籍で、回路ブロックとそれに対応するコード例が多数書かれています。大学 3・4 年生向け。

[4]　宇佐美公良、池田誠、小林和淑監訳・翻訳『ウェスト & ハリス CMOS VLSI 回路設計（基礎編・応用編）』（丸善出版、2014 年）
コンピュータが動作するハードウェアである半導体集積回路に関して、動作原理から最新の動向まで説明されています。大学 4 年生以上向け。

【引用文献】

DeAngelis G., Ohzawa I., and Freeman R.
　1991 Depth is encoded in the visual cortex by a specialized receptive field structure. Nature, 352, 11, 156-159.

Gabor D.
　1946 Theory of communications. Journal of Inst. Elect. Eng. - Part III: Radio and Communication Engineering, 93, 26, 429-441.

Gallager R.

1962 Low-density parity-check codes. IRE Transactions on Information Theory, 8, 1, 21-28.

Gaines B. R.

1969 Stochastic computing systems. Adv. Inf. Syst. Sci. Plenum, 2, 2, 37-172.

Hinton, G. E., Osindero, S., and Teh, Y.

2006 A fast learning algorithm for deep belief nets. Neural Computation 18, 1527-1554.

Hubel D. H. and Wiesel T. N.

1974 Sequence regularity and geometry of orientation columns in the monkey striate cortex. J Comp Neurol 158, 267-293.

Ikeda S., Miura k., Yamamoto H., Mizunuma K., Gen H. D., Enco M., Kasai S., Hayakawa J., Matsukura F., and Ohno H.

2010 A perpendicular-anisotropy CoFeBMgO magnetic tunnel junction. Nature Materials, 9, 721-724.

Izhikevich E.

2004 Which model to use for cortical spiking neurons?. IEEE Transactions on Neural Networks, 15, 5, 1063-1070.

Jarollahi H., Onizawa N., Gripon V., Sakimura, T. Sugibayashi N., Endoh T., Ohno H., Hanyu T., and Gross W. J.

2014 A Non-Volatile Associative Memory-Based Context-Driven Search Engine Using 90 nm CMOS/MTJ-Hybrid Logic-in-Memory Architecture. IEEE Journal on Emerging and Selected Topics in Circuits and Systems 4, 4, 460-474.

Onizawa N., Gaudet V. C., and Hanyu T.

2011 Low-energy asynchronous interleaver for clockless fully parallel LDPC decoding. IEEE Transactions on Circuits and Systems I: Regular Papers, 58, 8, 1933-1943.

Onizawa N., Katagiri D., Gross W. J., and Hanyu T.

2014 Analog-to-Stochastic Converter Using Magnetic-Tunnel-Junction Devices. Proc. 10th IEEE/ACM International Symposium on Nanoscale Architectures (NANOARCH), 59-64.

Onizawa, N., Katagiri D., Matsumiya K., Gross W. J., and Hanyu T.

2015 Gabor Filter Based on Stochastic Computation. IEEE Signal Processing Letters, 22, 9, 1224-1228.

執筆者紹介

鬼沢　直哉（おにざわ　なおや）

2009 年東北大学大学院博士（工学）取得、2009 ～ 2011 年 CREST 産学官連携研究員。2011 年カナダ Waterloo 大学ポスドク研究員。2011 ～ 2013 年カナダ McGill 大学ポスドク研究員。2015 年フランス Southern Brittany 大学客員准教授。2013 年～現在 東北大学学際科学フロンティア研究所 助教。集積回路設計、ハードウェア向け信号処理、脳型コンピューティングに関する研究に従事。2010 IEEE ISVLSI ' 10 Best Paper Award、2014 IEEE ASYNC ' 14 Best Paper Finalist、2014 Falling Walls Lab Sendai 3rd place、2014 第20 回青葉工学研究奨励賞、2016 IEEE ISMVL ' 16 Kenneth C. Smith Early Career Award for Microelectronics Research 等各受賞。IEEE、電子情報通信学会各会員。

第 6 章
分野の垣根を越えた融合に向けて
— リサーチアドミニストレーターの視点から —

藤村　維子

1　今なぜ、日本でリサーチアドミニストレーター（URA）なのか？

大学研究者の研究時間が減少している?!

　本書では、分野の垣根を越えた研究に取り組む二つの機関（東北大学学際科学フロンティア研究所と学際高等研究教育院）に属する異分野の研究者が一堂に会するセミナーで、実際に討論された内容をご紹介してきました。一方で私は、自らの専門である細胞生物学の研究を進める傍ら、リサーチアドミニストレーター（University Research Administrator：略して URA）として、学際研究推進の支援を目指し活動してきました。URA とは「大学で研究を円滑に進めることができるようにサポートする、研究開発に知見のある専門家」を意味する職位であり、近年日本でその数は急速に増えています。この章では URA による支援の仕組みについてご紹介します。でもその前に、日本で急速に URA が増えた背景と、この耳慣れない URA という仕事についてお話しします。

　現在、日本の大学は研究者の抱える業務配分や各研究組織の戦略を大規模に見直していかなければならない岐路に立たされています。2015 年に発表された文部科学省科学技術・学術政策研究所（NISTEP）の報告では、近年、日本全体の学術論文数が伸び悩みの状態にあり、研究の国際化に伴い世界では国際共著論文が急増していますが、日本はこの変化にも対応出来ていないというショッキングな事実が明らかになっています［阪・他、2015］[1]。英科学雑誌「ネイチャー」でも、日本の科学研究の失速を指摘しています（2017 年 3 月 23 日発行）。科学技術立国である日本

は、この状況を受け、早急に大学の研究力を高める手を打つ必要があるでしょう。しかし現実には、大学の研究者が1日の中で研究業務にかけられる平均時間は大幅に減少していますし、研究者1人当たりの研究支援者数も年々減少しています［神田・他、2015］［文部科学省、2015］[2]。大学の予算の中の運営費交付金（国立大学が2004年に法人化されたことを受けて、各校の収入不足を補うために国が出している補助金）は徐々

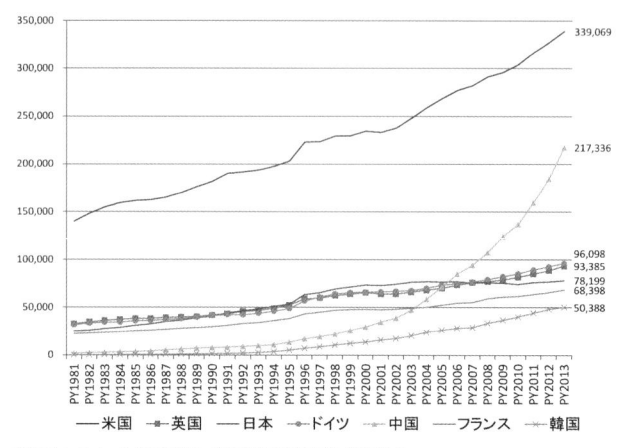

(注) Article, Review を分析対象とし、整数カウントにより分析。単年である。
トムソン・ロイター Web of Science XML (SCIE, 2014 年末バージョン)を基に、科学技術・学術政策研究所が集計

図1　主要国の論文数の変化

1　各国における全分野の総論文数の年平均を、約10年前（1999 ～ 2001 年、全世界で77万6,548報、うち日本は7万3,844報）と近年（2009 ～ 2011 年、全世界で115万1,176報、うち日本は7万6,149報）とで比較すると、全世界平均の伸び率は48%、先進諸国の伸び率も軒並み20 ～ 30%であるのに対し、日本の伸び率はわずか3%という低い値でした。2009 ～ 2011 年の日本の全分野の総論文数は米国に次いで第2位であったのに、現在は第5位であり、徐々に順位を落としています。日本国内でみると産業の論文数が低下し、論文に関する大学の役割が拡大していますが、国立大学の論文数も伸び悩んでいます［阪・他、2015］。

2　大学等教員が研究に充てる時間は、2002 年には職務活動時間全体の46.5%であったのに対して2012 年の調査でわずか35%。大学院、大学学部、短期大学、高等専門学校などを対象とした「大学等教員の職務活動の変化」に関する調査［神田・他、2015］より。また、我が国の研究者1人当たりの研究支援者数も年々減少し、2012 年には0.25であり、この値は諸外国に比べ、日本は極めて低い水準であることが分かる。各国の研究支援者数の資料は文部科学省「科学技術要覧」［文部科学省、2015］より引用。

に減少し、その代わりに競争的資金（応募者同士を競争させて、良い研究だけに研究費を配分する仕組み）の割合が増加しています［文部科学省、2015］。つまり、今まで研究者は大学から最低限の研究資金を自動的に与えられていましたが、最近は書類を書いて研究費を申請する必要がありますので、その準備のために肝心の研究時間が削られてしまっているのです。さらに、社会の複雑な仕組みが整ってくるにつれて、動物実験、遺伝子組換え実験、安全輸出管理、研究倫理等々に関わる様々な法令や指針が打ち出され、これらを遵守するには、研究を行う以前の研究環境を整えるために必要な時間が益々増え続けているという事情もあります。

　調査報告からは、最近の日本では、研究以外の様々な業務の負担が大学の研究者に重くのしかかってきている状況が浮き彫りになっています。そのため大学や関係機関は、研究者の環境を整えて活動の効率を上げるなど、その研究力を高めて、最終的には大学力を総合的に高める効果的な戦略を早急に打ち出す必要があるのです。こうした状況下、日本の大学の抱える課題を解決する戦略の一つとして、平成 23 年、文部科学省により「URA を育成・確保するシステムの整備」が発足されました。そして現在、全国の各大学では URA が定着化されつつあります［文部科学省、2011 〜］［文部科学省、2013 〜］。

URA とは何か？

　では URA とは、その担うべき役割は、具体的には何なのでしょうか？

　文部科学省の定義には、「URA は、大学等において、研究者とともに研究活動の企画・マネジメント、研究成果活用促進を行うことにより、研究者の研究活動の活性化や研究開発マネジメントの強化等を支える業務に従事する人材を指します［文部科学省、2011 〜］。」とあります。つまり、「大学で研究を円滑に進めることができるようにサポートする、研究開発に知見のある専門家」、などということでしょう。例えば、研

究費申請書類の作成支援をはじめ、研究計画等に関する関係法令等対応のサポート、研究者とともに行う研究プロジェクトの企画、研究プロジェクト案についての提案・交渉、研究プロジェクトの会計・財務・設備管理、研究プロジェクトの進捗管理、特許申請等研究成果のまとめ・活用促進などが URA の役割として考えられています［文部科学省、2011〜］。例えば研究者がとある研究目的のため、大型の研究プロジェクトを進めたいと考えているとしましょう。しかしその実現のためには、大型の設備を建設する必要があり、そのためには、土地の購入や管理、法令に違反してないかの確認、予算の管理など、研究とは異なる様々な仕事が発生してしまいます。そのような業務の一部を担い、研究者には肝心の研究に専念できる環境を整えることが URA の仕事なのです。URA は研究職と事務職の間に立って、研究活動の円滑な運営を可能にするための、第 3 の職、とも言われています。専門人材である URA の担当するべき役割はこれまでの仕組みを否定するものではなく、大学の研究力を一層強化する目的に重きをおくものとなるでしょう。

　日本の URA の数は徐々に増加していますが、支援を必要としている大学教員の数に比べればまだまだ極めて少ない状態にあります。具体的な一例として東北大学のケースをあげてみますと、正規に雇用されている研究者（プロジェクト雇用の研究員などを含めない）だけでも 3,000 名以上いますが、それを支援する大学本部の URA は十数名程度です（2017 年 3 月現在）。大学の内にある各部局の URA は多くても各 1 〜 2 名であり、いない場合もあります。従って、これまでに研究者が担ってきた研究以外の業務の全てを即座に URA が行なうようなことは不可能な状況です。まずは、研究以外の業務の中から研究者としての専門知識や経験を必要とする業務を選び、選ばれた業務を研究者から URA へ移行していく努力が、研究者と URA の双方に必要になってくるでしょう。

　これまでに大学の研究者が携ってきた研究以外の業務について、専門の職種として URA が認定され、それらの役割の多くを担えるのであれば、研究者や事務職員を含む全ての関係者にとって朗報になるのでは

ないかと期待されています。加えて、研究者の活動推進のために重要性を感じつつも、多忙を極める研究者にとって、これまでに実現が困難であったプロジェクトや企画を、URA の支援によって実現させていく事が今後の大学における研究の発展のために最も重要ではないかと思われます。

2　学際研究を進める力を育む「場」を創る

何故、学際研究が謳われ続けているのか

　ここまで URA とは何か、についてお話ししました。私は URA として学際研究推進の支援を行っていましたが、では、そもそも「異分野融合あるいは学際研究」とはどのような研究を指すのでしょうか。そして何故、推進する必要性が度々謳われているのでしょうか。

　全米アカデミー報告書によれば、「学際研究」とは、「根本的な理解を進めるため、または単一の専門分野や研究実践の領域の範囲を超える問題を解決するために、二つ以上の分野または専門知識の情報、データ、技術、ツール、視点、概念、および／または理論、を統合したチームや個人による研究方法」と定義されています［全米アカデミー、2004］［科学技術振興機構、2005］[3]。例えば、新しい医療機器の開発には、医学の知識だけではなく、機械などに関する工学的な知識も必要です。そこで、医学と工学という異なる分野が結びつくことで、医工学という新しい学際的な研究分野が生まれるのです。このように、異なる分野の専門知識

3　全米アカデミーの定義によれば、分野横断型の研究のタイプとして「Borrowing Research」、「Multidisciplinary Research」、「Interdisciplinary Research」、の三つが紹介されています。「Borrowing Research とは、ある分野において別の分野の方法、技術、理論を使用する研究であり、ある目的達成のためだけに、一時的に使用される場合もあれば、場合によってはその分野に完全に取り込まれてしまう場合もあります。」「Multidisciplinary Research とは、ある目的のために二つ以上の分野がかかわり合いますが、基本的に別々に研究を行い、当該目的を達成した後はもとの分野に戻り、分野を融合するなど、新しい分野の形成はなく、一過性の研究を意味します。」「Interdisciplinary Research」の和訳として、一般に「異分野融合研究」、あるいは「学際研究」が使用されています［全米アカデミー、2004］［科学技術振興機構、2005］。

を組み合わせた研究を学際研究といいます。

　現在（そしておそらく、これまでも）、異分野融合あるいは学際研究の重要性が指摘され続けています。その理由には、国際社会では、地球温暖化、食料・資源の枯渇、生物多様性の保護、大災害または感染症の克服などといった、解決には多くの専門分野の貢献が必要とされる、複雑かつ地球規模の課題が増えている、ということもあるでしょう。また、科学の発展において極めて重要なイノベーションが頻繁に起こるホットスポットにおいて、しばしば異分野融合研究が役割を果たしてきたことも、それが重要視されてきた理由の一つでしょう［競争力協議会、2004］。

　実際これまで、プリンストンにある高等研究所［プリンストン高等研究所、2016］［カスティ・他、2004］、「複雑系」の研究で知られるサンタフェ研究所［ワールドロップ・他、2000］、最近ではスタンフォード大学におけるバイオデザイン・プログラム［スタンフォード大学、2001〜］、及び京都大学学際融合教育研究推進センターにおける分野横断ユニット［京都大学、2015］等々のように、異分野の研究者を意図的に集めてそこでイノベーションを創出しようとする、実に様々な取り組みが試みられてきました。こうした異分野融合あるいは学際研究の取り組みは現在進行形のものも含まれますが、過去に多くの成功例を生み出してきたと言えるでしょう。

学際研究とはどのような土壌で育つのか？

　全米アカデミーの報告書では、学際研究を推進する原動力は単一ではなく、以下の四つの要素が指摘されています［全米アカデミー、2004］［科学技術振興機構、2005］。

　　・自然と社会の本来の複雑性
　　・単一の専門分野に限定されていない問題や疑問を探索する欲求
　　・社会的な問題を解決するための必要性
　　・新たな技術力

　しかしこうした原動力を踏まえて学際研究を展開しようなどといっても、それは雲をつかむような話であり、何か方法や手段が必要です。そこで私たちは学際研究分野で活躍する講師を折に触れてお招きし、学際研究をテーマに極めて実践的な話題を提供していただいています。ここでは、その一部をご紹介したいと思います。まず、「融合領域研究を成功させる秘訣」と題して東北大学の野家啓一教授を講師に招いた討論会を行なったときのお話です。野家教授は「融合領域研究への足掛かり」として以下の四つのタイプを、お話しされました［野家、2014］。

「融合領域研究への足掛かり」
- Problem-oriented approach
  - → 　融合を自己目的化することは本末転倒
  - → 　取り組むべき問題、課題があってはじめて融合は具体化できる
- Contingency, Serendipity
  - → 　偶然の出会い（プリンストン高等研究所）
  - → 　専門分野を基盤にした異分野へのアンテナ
- New kind of research object
  - → 　新たな対象領域の発見

　つまり融合領域研究には、課題解決型、偶然の発見（セレンディピティ）型、新領域開拓型、などがあるということです。課題解決型とは、地球温暖化問題やエネルギー問題などの「多くの要因や現象が複雑に絡み合った社会的課題」に複数の分野がアプローチする研究があげられます。偶然の発見型には、レントゲンや電子レンジの発見など、期せずして見出された現象が他の用途に大いに役立った研究例があろうかと思います。新領域開拓型にも、生命科学と情報科学の融合により発展したゲノムサイエンスなど、様々な研究があります。

　さらに野家教授より、これらの促進に関する興味深い話題を伺いました。「以前、プリンストンの高等研究所を訪ねた折に驚いた事が一つあ

りMS。そこでの研究者の義務は教授会に出席する事ではなく、毎日3時のティータイムにホールに集まり、雑談することだというのです。世界の頭脳が集まるこの研究所では、電子メールやツイッターではなく、異分野の研究者が一同に会してフェイス・トゥ・フェイスの会話を交わすことを重視しているのが印象的でした。そこには、異質の知性が出会う『異種混交』の場こそ、知的創造と新しいアイディアの基盤だという考えが伺われました［野家、2014］［野家、2011］。」

　プリンストンにある高等研究所は、自然科学、数学、社会科学、歴史学の四部門を持ち、世界でももっとも優れた学術研究機関の一つとされています。過去には相対性理論のアルバート・アインシュタインほか、量子力学、コンピュータなどを生み出した天才たちが集っていました［プリンストン高等研究所、2016］［カスティ・他、2004］。そのような世界最高レベルの研究者が集っている研究所を取り上げて、異分野研究者が集まれば、それだけでイノベーションや新しい学問領域が生まれるなどと言えるわけはなく、もちろんそんなに簡単ではないでしょう。しかし、異分野研究者との交流の「場」が重要であり、トップレベルの研究者の間でさえも、いかに大切に受け継がれているものであるかを示すような逸話ではないでしょうか。

学際研究を進める力を育む「場」を創る

　異分野の研究者が安心してお互いに最先端の研究情報を共有でき、活発な情報交換により相互に知識を高め合い、ひいては革新を生みだしやすい「場」を創っていくためには、前述の文化的背景やアンケート調査結果を鑑みる限り、特別の配慮や工夫あるいは努力が必要となるでしょう。では、実際のところ学術交流の場ではどのような配慮や工夫が有効なのでしょうか。

　ハーバード大学のアマビル教授の理論によれば［石井、2005］［Amabile、1996］［Amabile、1998］、創造性には環境が影響するとされており、創造性にプラスに働く組織の環境要因として「同僚の新しいアイデアに対す

るオープンな態度」「アイデアに対する同僚の建設的なチャレンジ」「内発的モチベーションの重視」などのプラス要素をあげています。

　逆に、創造性にマイナスに働く組織の環境要因として、「コミュニケーション不足」「協力の不足・現状維持の重視」「外発的モチベーションの重視」「組織内における勝敗のつく競争」「プロジェクトに対する組織内の無関心」などの要素をあげています。

　異分野研究者同士の集まる学術交流セミナーの「場」においては、創造性を生みやすい環境、を目指す必要があり、このため一つには「場」の雰囲気および参加者の共通認識といった要素が重要になるでしょう。学際研究を進める力を育む「場」を創るには、環境の影響を十分に配慮する必要があるでしょう。

イノベーター（革新者）を生む、「バイオデザインプログラム」

　学際研究を活発化させるための「場」や仕組み作りについて考える上で、最後に米国スタンフォード大学の事例についてご紹介したいと思います。この話題は脳神経外科医であり、東北大学病院臨床研究推進センターバイオデザイン部門の中川敦寛准教授よりご提供いただきました［中川、2015］[4]。中川准教授の部門では、整備された規則、仕組みの下で東北大学病院において、医療現場に存在するニーズを企業あるいは研究者が医療従事者とともに探索する機会を提供しています。

　スタンフォード大学ではイノベーターを育む教育として「バイオデザインプログラム」という取り組みを行なっています［スタンフォード大学、2001 ～］［中川、2015］［玉田・他、2013］［読売新聞、2015］。このプログラムでは、医療や工学など多様な背景を持つ人材を集めて 4 人程度のチームを作り、チームごとに大学病院内の医療現場における現場

4　正式名称は、東北大学病院臨床研究推進センターバイオデザイン部門アカデミックサイエンスユニット（ASU）（部門長、冨永悌二教授）。医療現場を企業関係者へ開放するベッドサイドソリューションプログラムを運営。

観察を行ないます。その上でデザイン思考に基づいた方法で、彼ら自身に医療現場にある問題点を発見させ、具体的なニーズのリストアップとチームで取り組む課題を設定させ、最終的には一つの明確なアウトプット（事業提案）を出すところまでを1年のフェローシッププログラムの中で経験させます。チームのメンバーそれぞれが持っている知識に加えて、シリコンバレー、あるいは、このプログラムを中心とした世界中におよぶネットワークのさまざまなリソースを総動員して、融合させる教育プログラムです［玉田・他、2013］。驚くべき事に、2001年の開講以来、約3分の1は終了後、自ら発明した医療機器をもとに起業したということです［読売新聞、2015］。日本にも、この「バイオデザイン」を導入すべく［全米アカデミー、2004］、東北大学、大阪大学、東京大学および一般社団法人日本医療機器産業連合会が連携した上でスタンフォード大学と連携する「ジャパン・バイオデザインプログラム」が2015年10月から開講しました。中川准教授らは、プログラムの構築のためのファカルティトレーニングの目的で、スタンフォード大学における6か月間の研修を行い、方法論の習得はもちろん、プログラムを中心とした世界中のネットワーク構築に取り組んでいたとのことでした。

　この「バイオデザインプログラム」の事例のように、異分野の専門家が集まって課題自体を見出すところからスタートし、それぞれの多様な技術と知識を結集してその解決を目指すことは、まさに異分野融合を生かした実践例であり、学際研究の推進において目指すべき取り組みと言えるのかもしれません。

3　異分野研究者を集めたセミナーの試行錯誤

セミナーを介した、異分野の学術交流の現場

　本書の執筆者が関わる東北大学学際科学フロンティア研究所と学際高等研究教育院でも、若手研究者自身らが積極的に関わって、異分野間の学術交流の取り組みを継続的に実践してきました。この節では、これま

での試行錯誤をご紹介します。

　分野の近い者同士が集まるセミナーについては学術交流が容易であり、有意義である事はもちろん明らかで、全く否定するものではないのですが、学際科学フロンティア研究所では設立当初より、より多岐に渡る全領域の研究者をひっくるめた、より統合的な学術交流の推進を目指してきました。

　世界中にあまたいる研究者のいる中で、他の誰もやっていないことを研究しようなどと考えますと、どうしても研究対象はより狭い事象に絞られかねないといった側面もあるでしょう。狭い専門領域を極める事と、広い全領域の視野を広げる統合的な学術交流と、一見相反する二つの目標を、百戦錬磨のベテラン研究者ならばともかく、若手の時から両立して進めることなど可能なのでしょうか。少なからぬ不安もありましたが、まずはともかくも折角、座談会形式の交流会を利用して、まずはこの問題を当事者である若手研究者らに一気に投げかけてみました［野家、2014］［井原・他、2013］［沢田、2013］。

図 2　座談会形式の研究交流会の一場面

　座談会出席者は当初、正直、突然投げかけられても考える事に戸惑っている様子でした。しかし意見交換をするうちに、「専門領域の確固たる知識がなければ、異分野に貢献する事も出来ない」ものの、「今すぐに回答できなくても、専門領域では解決できない心の中でくすぶっている問題を、異分野研究者へ投げかけてみることができるのではない

か」、「課題の共有が大切ではないか」、「自分の研究の意義を異分野研究者へ投げかけることで、視点を変える事が出来るのではないか」、などといった、建設的な意見が現れました。座談会終了後のアンケートでは、以下のような意見や提案が多数寄せられました（原文に沿っています）。

「融合領域研究を進めるためにセミナーで取り上げてほしい今後のテーマ、改善案」

・大きなテーマの方が、異なる分野の方の考え方に触れられて視野を広げられるのではないか。

・各分野のテーマを取り上げ、専門外の人間でもディスカッションできる形式をとるのがよい。

・前半で専門家からの導入的な話をしてもらい、問題となっている点についてクリアに説明してもらう。後半で専門外の方面含め、問題についてのディスカッションを行う。

・何かの研究テーマについて誰かに発表していただき、それについて色々な人がディスカッションする。具体的なテーマを取り上げていただくと、活発に意見が言いやすいのではないか。

・参加者同士の研究テーマの意見交換の場みたいなものがあるとお互いにいい刺激になるのではないか。

・何か具体的テーマと問題点についてのトークがあり、それについてすべての参加者が「自分ならどうする」と考えて発言する。

　通常、研究に関するセミナーでは講演をする研究者がこれまでに何を成し遂げたのか、その成果に一番のスポットライトをあてた話題が中心です。参加者は研究成果について情報を得て、他の研究者の成果を自らの研究に活かしたり、方向性を見直したりするのが普通です。しかし異分野研究者同士のセミナーでは、専門領域における詳細な成果だけを聞いて、自らの研究に生かすのは難しい部分もあるのかもしれません。その分野の大きな流れや、一分野の中だけでは解決できていない課題など

について、様々な分野の視点に立って一緒に考える事も有効かもしれません。先にご紹介したスタンフォード大学の「バイオデザインプログラム」の例もそうでしたが、他の分野と一緒であれば取り組めるような課題自体をまず見つける（見つけないまでも、一度考えてみる）ことなら、スタートできるかもしれません。

　こうした議論や提案を経て、有志の若手研究者らの主導により、学際科学フロンティア研究所と学際高等研究教育院の共催で、全領域の若手研究者をすべて一緒にした「全領域合同研究交流会」（以下、全領域交流会）を定期的に開催することとなりました。

異分野研究者を一堂に集めた「全領域合同研究交流会」

　本書冒頭の「プロローグ」でも触れられていましたが、この本では、全領域交流会において話題になった内容が記されています。全領域交流会では毎回の発表者の分野が可能な限り多岐に渡る様に配慮されています。会の目的と発表のポイント（抜粋）は以下の通りに設定されています。

・若手研究者が分野・領域を問わず一堂に会し、自分の専門分野をわかりやすく紹介し、それを参加者が真摯に議論することで、新領域創成の芽を見出すことを目指す。
・発表者が関わっている 分野全体の大問題あるいは研究の方向性を紹介する。
・発表者の研究テーマ、取り組んでいる課題について紹介する。
・自分が本当に知りたいことを、他の学問分野との関連で述べる。

　全領域交流会では各自の成果のみに重点は置かずに、あえてそれぞれの研究の方向性や、抱えている課題に重点を置いて紹介してもらうところに、通常の研究成果報告とは異なる最大の特徴があります。それによって、各自の成果の意義を異分野研究者の視点で見直し、次の課題を探り、それぞれが抱えている課題に対する多様なアプローチを探るため

に有効になる様に意図されています。発表者は専門領域のアプローチのみでは解決困難な課題や、異分野の研究者に投げかけたい問いなどを含めると効果的であると考えています。その他、異分野の研究者に対する分かりやすい説明が求められていて、発表の途中にも質問を受け付けています。

　全領域交流会では、発表内容を異分野の研究者に理解されないままでは意味がないために、誰もが話しやすい雰囲気も大切にし、質問を歓迎しています。異分野研究者同士の交流自体も目的の一つなので、教員有志による募金から手持ちのコーヒーやお茶菓子などを用意し、参加者に名札をつけてもらうことなどを心がけています。

　さて全領域交流会の意義を考える前に、次の段落では講演の際にあった実際のやりとりを一部、皆さんにご紹介しましょう。

実際は、どんな会話が交わされているか？

　一般の専門分野の学会やセミナーでの質問には、研究の手法などに関する問いも多いのに対して、全領域交流会では、研究自体の意味・意義を問う質問（なぜ？どうして？）が頻繁にあがります。例えば、遺伝子を改変した鳥類の作成に関する講演時の質問は、「始原生殖細胞はどうして胚の外に生じなければならないのか？」「どうして始原生殖細胞は血管を通るのか？」「生殖腺にたどり着けなかった始原生殖細胞はどうなるのか？」など、より素朴であるけれども根源的な質問が多くあがっています。

　また全領域交流会は、日頃の疑問を異分野の研究者へ向けてお互い気軽に問いかけられる場所でもあります。環境汚染物質の生体への影響を細胞応答のレベルで調べている免疫学者の講演に対して、「汚染物質の分布はどうやって測定するのですか」という質問が出たのに対し、講演者からは逆に「公共のデータを引用しているため分からないので、どなたか専門の方がいたら教えて下さい」との投げかけがありました。全領域交流会は、この例のように専門領域内（この場合は「免疫学」）の研

究者にはなじみのないような事柄について、異分野の参加者へ向けて気軽に問いかけられる場所になっています。

　さらに全領域交流会は、異分野の研究者の発想の違いに気付かせてくれる場所でもあります。様々な物質に対する生体の免疫応答を見たデータについて、講演者が「この解釈は未だできていない」と報告すると、化学者からは「その化学物質の組み合わせだと親和力の違いで効果が大きくなる気がする」とのコメントもあがり、講演者から「そういう効果は考えたことがなかった」という発言が出る場面もありました。また、国家の起源を考える話題のときに「多細胞生物の初期段階のヒドラが個体として存在できる最小細胞数を調べたことがあります。数千だったと思います。国家を形成するための人口の最小数も存在すると考えられますが、データは有りませんでしょうか？」など、異分野の専門家ならでは視点によるユニークな質問もあがりました。「教育と社会移動に関するコンピュータシミュレーション」という発表では、「子供の学力差が親の年収に相関する」という社会学の話題で、生物学者から「遺伝子レベルで高い能力の親の子は能力が高いといった具合に決まっているという考え方はできないか」という生物学的な視点のコメントが出ていました。これらも一例ですが、多様な視点の発想が交差する全領域交流会らしいやりとりでした（このことは、「プロローグ」で論じられた（B）に当たります）。

図3　全領域の研究者を集めた研究交流会にて

　また、全領域交流会では、分野が異なると研究の常識が異なる事を実感する場面もあります。社会学者の講演に対し、物理学者から「物理学では、まず厳密解がわかっているシステムについてシミュレーションしてみて、シミュレーションコードにミスがないかを確かめてから、現実のシステムを扱うのだが、そういうことはしているのか」との質問がありました。答えは否で、社会学と物理学では数値計算の扱いにも分野によって相違があると気付かされる場面でした。国家の起源に関する話題の時には、講演者が考古学的、つまり過去の物的証拠から国家の起源について考察しようと試みているのに対し、「同じ遺物であっても国家の定義によって何とでも解釈できてしまうのではないだろうか。考古学が物的証拠から過去を推測する学問であるならば、より遺物に忠実に解釈するべきではないでしょうか」という質問があがっていました。質問は、至極まっとうである反面、物的証拠に重きをおく理系の学問と解釈に重きをおく文系の学問のはざまに考古学があり、加えて、発掘等にとてもお金と時間がかかることから、物的証拠の数が少なく、解釈に物証を合わせていかざるを得ない部分もあるのだろうなと、それぞれの分野の持つ特徴に気付かされる場面でした。

月に１度のリフレッシュタイム

　こうした全領域交流会をこれまで何回も開催してきましたが、実際に始めてみると、実に多くの事に気づかされました。まず、専門分野で話す方法では内容が伝わりません。参加者から質問を浴びることで初めて、お互いそもそも何が分かっていないのかに気付き、何が伝わっていないのかにも気付きます。それによって、話し手は伝え方のトレーニングの必要性を感じます。研究目的の紹介も大切です。狭い領域内の視点に立った、他人から見ればいわゆるマニアックな目的のみの紹介ですと、なかなか研究の全体像や意義を理解してもらう事ができません（熱意があれば、もちろん面白さは伝わってきますが…）。そして私が個人的に感じた事は、折に触れて聞く異分野の専門家それぞれの抱える難問や最新技術に関する話は、理解できてくると、純粋に非常に楽しく魅力あふれるものであることでした。実際にやり取りされている会話を読んで感じた方もおられるかもしれませんが、異分野研究者を集めたセミナーによる学術交流が成功するもしないも、実は参加者に鍵があるといえるでしょう。多くの参加者が、自分の専門だけでなく異分野研究に対しても関わる事に興味を持って参加しているならば、自ずと実りある議論が生まれてくるように思います。全領域交流会の魅力は、異分野研究にも関心を持つ参加者によってこそ、支えられるものと思います。

　こうした取り組みをこつこつと定期的に続けることで、発表者も質問者もともに、どうすれば難しい研究内容が伝わるのか、どうすれば理解可能なのか、共通の言語を見出しつつ、知らず知らずの内にプレゼンテーション能力が養われます。加えて、異分野の研究者が納得できるような、より広い視点から共通の「解決すべき疑問点」を明らかにして説明をする必要性が発生します（「プロローグ」で論じられた（C）に含まれます）。そのため発表者にとってはおのずと、自らの行なっている研究の目的について、視野を大きく広げて考えてみるきっかけとなり得ることが分かりました。発表者も、普段は聞かれないような異分野研究者からの質問によって初めて自分の立ち位置に気付かされるところがあ

ります。専門分野の研究者からの質問と異なり、かえって研究の根幹が分かっていないと答えられない質問もあり、そのため発表者には、より深い準備も必要になってきます。異分野の研究者間では、言葉の使い方や、研究の習慣、ものに対する考え方まで異なっていることがよくあります。それらを知る事が、自らの研究の立ち位置を客観的に見直してみる絶好の機会となるかもしれません（「プロローグ」で論じられた（A）に対応）。

図4　全領域の研究者を集めた研究交流会にて

5　学際研究、その目指すべき方向性は？

分野の垣根をなくすには？

　異分野の研究者を意図的に集めて、そこで科学革命やイノベーションを創出しようという場合、今後どのような仕組みを作って行く必要があるのでしょうか。

　新しい研究分野を創出したような経験を持つ、第一線の研究者の経験談の中には、数々の貴重なヒントが含まれています。紙面の都合上全てをご紹介することはできませんが、数学をはじめ材料科学との融合研究で活躍されている小谷元子教授が、特に印象深い以下の問いを投げかけ

て下さいました。

　「日本は今、技術としては非常に強いです。しかし、今の数学というのはいわゆる西洋の数学です。では日本は、その西洋の数学が日本に持ち込まれる以前に数学がなかったかというと、実は非常に強い数学がありました。それは和算と呼ばれていますが、実は微分積分のニュートン、ライプニッツが発見するよりも前に微分積分は日本で発見されていました。それ以外にもいろいろな、ちょうど西洋でいろいろな新しい数学が生まれてきたぐらいの時代のときに、日本では江戸時代ですけれども和算というものがあって、ほぼ同等の新しい研究もしくは同等以上の研究がされていました。」

　「数学は近代科学技術革命の基盤ですが、今の科学技術というのは全てこの西洋の数学で記述されているわけです。ところが、日本ではほぼ同等の数学があったにもかかわらず、なぜここからイノベーションが生まれなかったのか、なぜ西洋の数学に駆逐されてしまったのかということを我々は考えなくてはいけないと思っています［小谷、2014］。」

統合力を養う大切さ

　庶民から大名まで、江戸の日本人は「数学」好きであり、非常に高いレベルに達していました［鳴海、2012］。それにもかかわらず、その「数学」を他の分野にも応用して「産業革命」を起こす事がなかったのはどうしてなのでしょうか。現在でも日本の大学受験における「数学」のウエイトは極めて大きく、高校生の「数学」のレベルは諸外国にも引けを取らず十分に高いものであるとも言えるでしょう。しかし現在でも、「数学」が異分野の研究に十分に生かされているかと言われると、確かに首を傾げたくなる状況があります。引き続き小谷教授のお話をご紹介します。

　「自分の研究チームに数学ができる人がどれぐらいいるかというふうに聞くと、日本では 26％、欧米では 60％でした。では、次に自分の研究に数学はどれぐらい必要か聞くと、日本も欧米もどちらも 60％でし

た。すなわち、欧米の研究現場で数学の需要と供給のバランスが既にとれているけれども、日本では全く足りていないことが調査で示されています［小谷、2014］［細坪・他、2006］。」

　日本の研究者は、異分野（この場合は「数学」）の概念を、自らの専門研究にうまく統合することが苦手なのでしょうか。ではそのような統合する力は、いかなる方法で獲得できるのでしょうか。和算に関する問いかけは、先にご紹介した討論会の中で、野家啓一教授も以下のように触れて下さいました。

　「学問に対する考え方が、そもそも日本とヨーロッパとでは違っているのです。純粋科学というものに対する考え方が異なっているのでしょう。日本には科学の基礎になっている『自然哲学』に相当する学問がありませんでした。例えば日本が中国から輸入した算術は、和算として独自の発達を遂げ、関孝和によってニュートンの微積分とほぼ同じレベルにまで達しました。けれども和算は、パブリックな学問ではなく、茶道や華道に類する一種の芸事です。ですから公開で討論して真理を探究してという形ではなく、お茶などと同じように一子相伝で、自分の子供だけに、秘伝として伝えられました。ヨーロッパのような公共的な知識の観念は、日本では薄かったのです。［野家、2014］［野家、2009］」

　和算が、学問の根幹を成す、全てのものを包括する統一的な知識を求めようとする、内発的なモチベーションから発達したものではなかったことに、そもそも根本的な欲求の違いがあるのかもしれません。また、言葉の障壁が大きいためであるのか、島国ならではといった文化的な背景もあるのか、日本における伝統的な学問の世界では、どうやら情報交換も活発とは言い難いようです。上記の「和算」に関する問いかけに対する明確な答えはありませんが、この重要な問いを若者が心にとどめながら学問に向きあってほしいと感じました。

まずは垣根のない情報交換から

　ところで、現在にいたってまでも、はたして日本の研究現場には「一子相伝」とか「秘伝」などを受け継ぐような閉鎖的な考え方が残されているといえるのでしょうか？　実は正直なところ、何となく実感はするような…などと考えていたところ、興味深い調査結果を目にしました。

　2011 年 12 月に報告された「科学における知識生産プロセス：日米の科学者に対する大規模調査からの主要な発見事実」によれば、「競争相手」によって研究が先行されることを心配する度合いは、日本の高被引用度論文産出群の 53%、米国の同群の 23% であり、米国と比較して日本の研究者の方が、研究が先行されることを心配する度合いが大きいという結果が示されています［長岡・他、2011a］。さらに、知識源として「競争相手」を重要と考えている回答者は、日本の高被引用度論文産出群の 11%、米国の同群の 74% でした［長岡・他、2011b］。どうやら、米国の研究者が知識源として「競争相手」を大いに重要視している状況とは対照的に、日本では「競争相手」から得られる情報があまり重要視されていないことが分かります[5]。これは競争関係にある場合に限られた質問ではありますが、こうした調査結果から現在の日本の研究者が現在進行形の生きた研究成果をお互いに情報交換することについて、米国と比較して消極的である傾向がある程度垣間見られます。

　本節にてご紹介した全領域交流会では、まずはそれぞれの課題を持ち寄って、公開で討論する、というこれまで根付きにくかった異分野交流の機会を意図的に作り出し、知識を共有しながら新しいものを共同で生み出そうとするトレーニングの「場」を提供しようとしています。その一連のプロセス（課題説明、解決に向けたディスカッション、その後の行動）を通じて、異分野融合研究の実践だけでなくそのための情報交換

5　「競争相手」によって研究が先行されることを心配する度合いは、日本の通常群では 31%、米国は 11% であり、知識源として「競争相手」を重要と考えている回答者は、日本では 22%、米国は 63% であった［長岡・他、2011a］［長岡・他、2011b］。

の技術の向上を目指しているわけです。これは、まだ始まったばかりの取組であり、これからも常に進化し続けていくべきものであるでしょう。

現在のところ、本研究所では異分野研究者同士の熱い議論が交わされています。今後どのような方法であればさらに充実した学術交流が育まれていくのか、様々な取り組みを実践する中で模索していかなければならないと考えています。URAの役割として、異分野の研究者と一緒に勉強会をやりたいと考える研究者とアイディアの実現に向けて、最大限にバックアップし継続的に実践していくことが大切ではないかと思っています。

異分野の研究者と一緒に行なう、異分野を統合するための共同作業の習慣は、専門の研究にどっぷりと浸からねばならない大学院生や若手の時期であっても（むしろそのような柔軟な時だからこそ）、常に意識してトレーニングしていかないと、充分に効力を発揮できないものだと考えます。少なくとも、ベテラン研究者になった瞬間に、ある日突然期せずして身に付いているはずもないことは、確実ではないでしょうか。

さらに学ぶための文献

[1]　アレン F. ブレコ著、光藤宏行、大沼夏子、阿部宏美、金子研太、石川勝彦訳『学際研究 —プロセスと理論—』（九州大学出版会、2013年）古代ギリシアから現代に至る専門分野の成り立ち、さらに学際性の持つさまざまな背景を踏まえ、具体的な学際研究のプロセスについて解説されています。少し難解ですが、文系から理系にわたる幅広い専門分野の多様性に注意が払われており、学際研究を行う場合のガイドとなる本です。

[2]　M. ミッチェル・ワールドロップ著、田中三彦、遠山峻征訳『複雑系 —科学革命の震源地・サンタフェ研究所の天才たち—』（新潮文庫、2000 年）サンタフェ研究所というアメリカの研究所で「複雑系」とよばれる学問の新領域を開拓した研究者たちの、人間像と研究内容が書かれているサイエンス・ドキュメンタリーです。物事は全て秩序から混沌へと

進み、やがて宇宙は終局する─。この常識を覆したのが「複雑系」であり、この発見は、物理学、化学、経済学、情報学…すべての学問体系に影響を与えました。

【引用文献】

M. ミッチェル・ワールドロップ（著）、田中三彦（著）、遠山峻征（著）
　2000「複雑系 ─ 科学革命の震源地・サンタフェ研究所の天才たち」新潮文庫

ジョン・L. カスティ（著）、John L. Casti（原著）、寺嶋英志（翻訳）
　2004「プリンストン高等研究所物語」青土社

スタンフォード大学
　2016 現在「バイオデザイン・プログラム」
　URL ; http://biodesign.stanford.edu/

プリンストン高等研究所
　2016 年現在 URL ; https://www.ias.edu/

井原聰、沢田康次
　2013 年 12 月 18 日「融合領域研究を成功させる秘訣」東北大学国際高等研究教育院・学際科学フロンティア研究所第 2 回コロキウム

科学技術振興機構
　2005 科学技術振興機構 研究開発戦略センター「分野融合研究への新たなスキーム 米国 大学の"戦略イニシアティブ"」p.35

京都大学学際融合教育研究推進センター（著）
　2015「異分野融合、実践と思想のあいだ」union.a 出版

競争力協議会（Council on Competitiveness = CoC）
　2004「Innovate America、国家イノベーション戦略報告」
　URL ; http://www.innovationtask force.org/docs/NII%20Innovate%20America.pdf

玉田俊平太、玄場公規、ヤング吉原麻里子
　2013 年 11 月 2 日「多様な分野の人材を融合させる事によるイノベーター教育のケーススタディ」研究・技術計画学会、年次学術大会公園要旨集、28: 909-912.

細坪護挙、伊藤裕子、桑原輝隆

　2006「忘れられた科学－数学〜主要国の数学研究を取り巻く状況及び我が国の科学における数学の必要性〜」文部科学省科学技術政策研究所（NISTEP）報告書 Policy Study No.12、2006 年 5 月

阪彩香、伊神正貫

　2015「科学研究のベンチマーキング 2015、― 論文分析でみる世界の研究活動の変化と日本の状況」文部科学省科学技術・学術政策研究所（NISTEP）報告

小谷元子

　2014 年 12 月 19 日「融合研究の楽しさ」東北大学国際高等研究教育院・学際科学フロンティア研究所、第 4 回コロキウム

神田由美子、富澤宏之

　2015「『大学等におけるフルタイム換算データに関する調査』による 2002 年、2008 年、2013 年調査の 3 時点比較」文部科学省科学技術・学術政策研究所（NISTEP）報告書

石井正道

　2005 年 1 月「独創的な商品開発を担う研究者・技術者の研究」文部科学省 科学技術政 策研究所 DISCUSSION PAPER No. 38.

全米アカデミーによる調査

　2004 Facilitating Interdisciplinary Research, National Academy of science 2004.

　URL; http://www.nap.edu/catalog/11153.html

沢田康次

　2013 年 10 月 23 日「科学とはなにか？」東北大学国際高等研究教育院・学際科学フロンティア研究所 第 1 回コロキウム

中川敦寛

　2015 年 11 月 11 日「アカデミックサイエンスユニット：革新的な医療・ヘルスケア機器開発の開発コンセプト策定のための学術医療機関におけるあたらしい役割の提案」第 5 回東北大学学際科学フロンティア研究所セミナー

長岡貞男、伊神正貫、John P. WALSH

　2011 年 12 月「科学における知識生産プロセス：日米の科学者に対する大規模調査からの主要な発見事実」科学技術政策研究所、一橋大学イノ

ベーション研究センター、ジョージア工科大学、調査資料 – 203, p6.

注 1：回答者が、外部知識源として「重要であった」「非常に重要であった」とした項目 についての評価。日本については最も鍵となる知識源を日本とした割合、米国について は最も鍵となる知識源を米国とした割合を示している。

注 2：日米の分野構成の差異 を調整した結果。

長岡貞男、伊神正貫、John P. WALSH

2011 年 12 月「科学における知識生産プロセス：日米の科学者に対する大規模調査からの主要な発見事実」科学技術政策研究所、一橋大学イノベーション研究センター、ジョージア工科大学、調査資料 – 203, p5.

注 1：研究プロジェクト開始時点の認識に基づく。

注 2：日米の分野構成の差異を調整した結果。

読売新聞記事

2015 年 2 月 11 日「医療新戦略（中）『画期的を創る力育成』」読売新聞

文部科学省

2015「科学技術要覧」

文部科学省

2011「リサーチ・アドミニストレーターを育成・確保するシステムの整備」事業

URL; http://www.mext.go.jp/a_menu/jinzai/ura/

文部科学省

2013「研究大学強化促進事業」

URL; http://www.mext.go.jp/a_menu/kagaku/sokushinhi/

鳴海風（著）

2012「江戸の天才数学者 ― 世界を驚かせた和算家たち」新潮選書

野家啓一

2014 年 1 月 22 日「融合と連携のあいだ」東北大学国際高等研究教育院・学際科学フロンティア研究所 第 3 回コロキウム

野家啓一

2011 年 11 月 9 日「大震災のなかの図書館」丸善ライブラリーニュース第 15 号（通号 166 号）

野家啓一（取材・文：大草芳江）

2009 年 2 月 2 日「科学って、そもそもなんだろう？哲学者に聞く」宮城の新聞

Amabile, T.M.

　1996 Creativity in Context. Westview Press, P.120.

Amabile, T.M.

　1998 How to Kill Creativity. Harvard Business Review, September-October.77-87.

執筆者紹介

藤村　維子（ふじむら ゆいこ）

東北大学学際科学フロンティア研究所助教（執筆時）。東北大学理学部化学系化学第
二学科を卒業後、同大大学院理学研究科修士課程修了。東北大学大学院理学研究科
化学専攻 論文提出による博士学位授与。博士（理学）。理化学研究所フォトダイナミ
クス研究センター、米国スタンフォード大学医学部、東北大学加齢医学研究所にお
ける勤務を経て、2011 年より日本学術振興会特別研究員（RPD）、2012 年より東北大
学学際科学フロンティア研究所助教、2016 年より東北大学男女共同参画推進センター
特任講師 / 主任 URA。専門は分子生物学、細胞生物学。「学際研究推進と若手研究者
支援に向けた URA 活動」ならびに「マウス胚生殖細胞における放射線高感受性の仕
組み」を探る研究に取り組む。1 男 2 女の母。

エピローグ

青木　英恵

　本書は、知的探求心に溢れる読者の皆さんに向けて、学際的姿勢で分野の垣根を超えたフロンティア研究の面白さを伝えたいという想いのもと、東北大学学際科学フロンティア研究所（以下、学際研）および学際高等研究教育院（以下、教育院）に所属する新進気鋭の若手研究者陣が各々の専門知識を持ち寄って共同製作したものです。読み終えてみての感想はいかがでしょうか。

　私たちの取り組みが『百科繚覧〜若手研究者が挑む学際フロンティア〜』という科学オムニバスとして形になるまでには、分野横断型ならではの試行錯誤の連続でした。この「エピローグ」では、学際型書籍としての本書がまとめられた経緯および書籍編集の過程から私が感じた学際研究の面白さを紹介したいと思います。

　まず、本書は「一つひとつの章（百科）を偏見なく見てほしい（繚覧）」という学際的書籍としての価値観を受け入れていただくことを目指しました。そこで、一般的には、まだなじみの薄い「学際的姿勢」について「プロローグ」でその実態を描き、本書の学際的視点の心用意へ配慮しました。本書の掲げる学際的姿勢を再度挙げます。

（A）研究課題に関して：自分の研究課題の価値を、異分野の研究者と交流しながら見極める。

（B）研究方法に関して：課題の解決にアプローチするために、様々な分野の思考方法を試す。

（C）研究活動全体に関して：研究という活動を社会の中でどう維持するかを考える。

これらの学際展開については、各章の章末で述べられています。学際研究への取り組みは人それぞれです。私個人としては研究の過程において、（A）、（C）の姿勢は、より日用・社会生活への応用・発信を土台とする研究課題で活用しやすく、（B）は理論や基礎に軸を置く研究課題で活用しやすいのではないかと感じました。（A）と（C）の姿勢が活かされている良い例として、世間で広く認知され発信力の強い「宇宙分野」があり、それは新たに木星で天体観察を行うために他の分野へ飛び出し学際的関係を構築しています。また、現在、最も注目されるテーマの一つである「人工知能分野」は、新規な脳型コンピュータを各分野のブレーンを結集して創造し、学際知見や世論に問いかけ利用法を吟味しています。（B）の学際的姿勢が活かされている例として、一見無機質と思われがちな「交通」は、人間心理・国家歴史に通じ学際的深みがあります。現時点で高度な専門的手法を必要とする「擬等角写像」は、研究の先に汎用的計算方法を獲得すれば応用先は無限大となります。牧歌的な農業のイメージが強い「植物栄養学」は、科学的に微生物を研究利用してサステナブルな農業運用へ昇華させています。

　そもそも、「学際的姿勢」に焦点を当て多岐にわたる研究内容を一冊の本にまとめようという試みは、他に類がなく、私たちにとっても未知への挑戦でした。その発端となったのは、学際研と教育院が共催する全領域の若手研究者をすべて一緒にした「全領域合同研究交流会」（交流会の詳細については6章を参照）でした。本書の執筆者は、この交流会の講演者であり、分野横断的に交流を深めることに積極的な一面があります。とはいえ、分野横断型の書籍編集過程は予想以上に難しい（と同時におもしろい）ものでした。自分の専門分野におけるコミュニティでは常識である事柄が、異分野の研究者にとっては容易に理解できないことも多々ありました。そのため編集委員（青木、有松、井上、津村、當真、藤村）を組織し、科学入門書としてのわかりやすさを追求して原稿校閲しました。

　本書は、執筆から編集まで、2015 年 3 月から 2017 年 11 月にかけて行われました。その中でより多くの若手研究者が他分野の原稿の校正に携われるよう、2015 年 7 月に、執筆者が一堂に会して原稿についての意見交換を行う機会が持たれました。そこでは、各執筆者が自分以外の原稿にも目を通し、専門外の立場から見て理解しにくい箇所を指摘しあいました。より広い視野で学際研究の可能性を探り、自分の研究と結び付けようという「学際的姿勢」がありました。私が素晴らしいと感じたことは、執筆者一人ひとりが大学時代から培った明確な信条、思考形式を持っていることでした。科学的あるいは人類・社会的なある一つの現象について、「理論の解明が第一」という人に対して「社会に役立てることが第一」であるという人。「仮定を立ててから実証しよう」とする人に対して、「実験事実を積み上げて理論」を構築する人。ある分野に偏った研究所であれば、これらの思考形式がある程度共通意識として定着していますが、分野を横断する学際研は、そんな研究信条が全く異なる研究者のあつまりです。そこには、予想もしないギャップや批判があり、自分の専門のプライドをかけた討論があり、新たな研究の芽があります。そこに学際研究の面白さがあるのです。

　ここ数年、日本の科学研究全体において、分野の垣根を超えた広い視野から学際研究を評価しようという働きかけがなされています[1]。分野と分野の間に垣根を作らず自由に他の領域へ踏み込む若手研究者を推奨する潮流へと変化しています。本書籍はこの改革に先立って、学際研の若手研究者らが作り上げたものです。本書でご紹介した私たちの活動が、10 年後、50 年後、学際研究に取り組む研究者に希望を与え、学際交流の場を育む一歩となれば、これほどうれしいことはありません。

2017 年 11 月 16 日

1　例として、2018 年の科学研究費助成事業の制度改革が参考になります。
　http://www.mext.go.jp/component/a_menu/science/detail/__icsFiles/afieldfile/2016/04/22/1367694_02_1.pdf のページ 4 参照。

執筆者紹介

青木　英恵（あおき　はなえ）

東北大学学際科学フロンティア研究所助教。2014 年東北大学大学院工学研究科材料システム工学専攻博士課程修了。専門は高周波磁気誘電材料およびその物性。2011、2012 年の国際磁気会議（International Magnetic Conference）Best Poster Award、平成 25 年度日本磁気学会論文賞を受賞。すべての基（もと）である材料研究は、世界的にみても東北大学がトップレベル、日夜休みなくコツコツ研究する実直な研究者が作り上げたものでした。その研究姿勢に憧れ大学に入門した現在まで、小さくても優れた機能を持つ磁石（とセラミクス）の微小世界に魅了される日々です。

謝辞

　本書の執筆および編集にあたっては、長きにわたり多くの方のご協力を賜りました。特に第1、3、4章の執筆について、松浦周二先生（第1章）、須川敏幸先生（第4章）、早川俊彦先生、南澤究先生、鶴丸博人研究員、山谷知行先生、包智華先生（第4章）に様々なご助言をいただきました。この紙上を借りまして、心よりお礼申し上げます。東北大学学際高等研究院の井原聰先生（執筆当時）ならびに沢田康次先生には相談役となっていただき、書籍化に向けて本の構成など非常に多くのご指導を賜りました。沢田康次先生には『専門用語を日常用語に転換すると、正確さを失う代償に広がりや繋がりを得ることができる』というアドバイスを頂き、本稿執筆に際し大きな励みになりました（第3章執筆者 島内宏和）。学際高等研究教育院の中村志織氏には、書籍の表紙デザインの作成に多大な協力をいただきました。出版に際しては、東北大学出版会の小林直之氏に多大なるご尽力を賜りました。若手研究者による学際書籍を世に送り出したいという試みの良き理解者となっていただき、多くの助言を賜りました。

東北大学学際科学フロンティア研究所「百科繚覧」編集委員会 VOL.1

編者　青木 英恵　　有松 唯　　井上 千穂

津村 耕司　　當真 賢二　　藤村 維子

百科繚覧　VOL.1

〜若手研究者が挑む学際フロンティア〜

Hyakkaryoran 1

Young researchers challenging interdisciplinary frontiers

©Tohoku University The Frontier Research Institute for
Interdisciplinary Sciences "Hyakkaryoran" Editorial Board, 2019

2019 年 1 月 11 日　初版第 1 刷発行
2019 年 4 月 19 日　初版第 2 刷発行

編　者　東北大学学際科学フロンティア研究所
　　　　「百科繚覧」編集委員会
発行者　久道 茂
発行所　東北大学出版会
　　　　〒 980-8577　仙台市青葉区片平 2-1-1
　　　　TEL：022-214-2777　FAX：022-214-2778
　　　　https//www.tups.jp　E-mail：info@tups.jp
印　刷　社会福祉法人　共生福祉会
　　　　萩の郷福祉工場
　　　　〒 982-0804　仙台市太白区鈎取御堂平 38
　　　　TEL：022-244-0117　FAX：022-244-7104

ISBN978-4-86163-313-3　C3300
定価はカバーに表示してあります。
乱丁、落丁はおとりかえします。